QU'EST-CE QU'UN ROMAN ?

COMITÉ ÉDITORIAL

CHEMINS PHILOSOPHIQUES

Collection dirigée par Roger POUIVET

Dimitrios ROZAKIS

QU'EST-CE QU'UN ROMAN ?

Paris
LIBRAIRIE PHILOSOPHIQUE J. VRIN
6, place de la Sorbonne, V^e
2009

© *Librairie Philosophique J. VRIN*, 2009

Imprimé en France

ISSN 1762-7184

ISBN 978-2-7116-2214-6

www.vrin.fr

I have as much soul as you.
Charlotte Brontë, Jane Eyre

QU'EST-CE QU'UN ROMAN ?

INTRODUCTION

L'ambition de cet ouvrage n'est pas de proposer une énième définition du roman qui prétendrait corriger les classifications déjà existantes. Elles sont nombreuses à bien délimiter le champ du romanesque au sein de la littérature occidentale. Ce sont des définitions *formelles*, pour autant qu'elles étudient la morphologie du roman afin de le situer dans une typologie des genres. Il est notoire aussi qu'elles se heurtent à un soupçon récurrent : « oser dire, écrivait Maupassant dans sa préface à *Pierre et Jean*, "Ceci est un roman et cela n'en est pas un" relève d'une perspicacité qui ressemble fort à de l'incompétence » ; car « le critique qui prétend définir le Roman suivant l'idée qu'il s'en fait d'après les romans qu'il aime, et établir quelques règles invariables de composition, luttera toujours contre un tempérament d'artiste apportant une manière nouvelle »[1].

Depuis cet avertissement, la théorie littéraire a renoncé au rôle de législateur absolu ; elle ne range plus les œuvres selon des critères d'identité qui leur préexisteraient, mais selon leur détermination réciproque à une époque donnée : « l'étude des genres est impossible hors du système dans lequel et avec lequel ils sont en corrélation »[2]. Les genres ne sont pas des propriétés durables, mais des fonctions différentielles : sans la référer à tel texte de Gogol, on ne saurait comprendre la signification parodique de tel autre roman de Dostoïevski. Ce renvoi réciproque des textes forme le *code*, historiquement variable, des règles de la création littéraire. Les genres ne répertorient plus les manières fixes dont les textes se rapportent à la « réalité », puisqu'il « n'y a pas de genèse des textes à partir de ce qui n'est pas eux, mais toujours et seulement un travail de transformation, d'un discours en un autre, du texte au texte »[3].

Cependant, une lecture philosophique des œuvres littéraires – dont le roman – ne peut pas se borner à l'« analyse structurale des récits ». En s'appuyant sur ce qui distingue chaque catégorie d'œuvres, elle doit interroger leur sens : non pas ce que chaque œuvre dit des autres, mais ce que chaque œuvre dit de significatif *pour notre vie* : des choses qui peuvent nous arriver ou qu'il nous arrive de désirer et de celles qu'il faut vouloir. Il s'agit d'articuler une *expérience commune* à l'aide de *concepts philosophiques* – dont la fidélité à cette

1. G. de Maupassant, « Le roman », dans *Textes sur le roman naturaliste*, Paris, Press Pocket, 1999, p. 70-71.

2. I. Tynianov, « De l'évolution littéraire » (1927), dans *Théorie de la littérature*, trad. fr. T. Todorov, Paris, Seuil, 1965, p. 136.

3. T. Todorov, *Qu'est-ce que le structuralisme*, II. *Poétique*, Paris, Seuil, 1968, p. 94.

expérience n'est pas postulée mais examinée. Ainsi, l'intérêt de savoir ce qu'« on peut attendre d'une lecture philosophique du roman » est de gagner une intuition plus claire de ce qu'attend toute lecture de roman, à savoir « un éclaircissement de notre vocabulaire pour la description des affaires humaines »[1]. Les concepts de *bonheur* et de *modernité* me semblent être incontournables pour une telle lecture. Dans la première partie de ce livre, je rapporterai la pratique romanesque à celle de la recherche rationnelle du bonheur à l'âge moderne, après les avoir articulées autour de trois moments historiques : « extramondain », « démocratique » et « radical ».

L'appel à l'expérience commune est aussi une opération critique à l'égard de certaines de ses interprétations. Tant qu'on en reste au niveau *formel*, on ne saurait échapper au dilemme d'une réduction du phénomène littéraire soit à une expérience prétendument directe du réel, soit à une expérience autoréférentielle :

> Le récit ne fait pas voir, il n'imite pas ; la passion qui peut nous enflammer à la lecture d'un roman n'est pas celle d'une « vision », (en fait, nous ne « voyons » rien), c'est celle du sens […] « ce qui se passe » dans le récit n'est, du point de vue référentiel (réel) à la lettre : rien, « ce qui arrive », c'est le langage tout seul, l'aventure du langage, dont la venue ne cesse jamais d'être fêtée[2].

S'il est vrai que le sens d'un roman n'est pas de nous « faire voir » une réalité sociale autrement cachée, l'événement « supérieur » à la représentation n'est pas non plus cet acte intransitif de l'« Écriture », essence « universelle » de toute

---

1. V. Descombes, *Proust. Philosophie du roman*, Paris, Minuit, 1987, p. 16.
2. R. Barthes, « Analyse structurale des récits », *Communications*, 8, 1966, p. 26-27.

littérature[1]. La deuxième partie du livre navigue entre ces deux écueils, l'un représenté par Lukács, l'autre par Genette, dans le but de réintégrer le fait romanesque dans une perspective téléologique de la vie humaine.

HYPOTHÈSE

Le roman est un des moyens de la recherche rationnelle du bien humain dans la modernité occidentale. – J'entends par modernité l'état d'esprit qui accepte « de ne pas incarner immédiatement les aspirations les plus élevées du genre humain »[2]. Ainsi la modernité s'oppose à la vision archaïque, où il n'y a pas de rupture entre la « religion universelle » et la « religion civique locale », où « les limites de la société et du cosmos » coïncident et où l'« entité civique englobante » devient « le référentiel ultime »[3]. Mais elle s'oppose également à l'état d'esprit des Lumières qui prétend fonder les normes du beau, du vrai et du bien sur une rationalité universelle puisque abstraite de tout particularisme historique – sauf du sien.

Les Lumières proposent un « schéma d'évolution linéaire (continue) de l'espèce humaine » selon lequel le sens des phénomènes précédents réside dans le fait qu'ils visent le moment historique où se situe notre regard. C'est là une explication de la modernité « par soustraction »[4] : sont modernes les sociétés régies par les normes d'une raison qui surplombe les

---

1. Vincent Descombes, *Proust*, *op. cit.*, p. 92-97.

2. V. Descombes, « Une question de chronologie », dans *Le Raisonnement de l'ours*, Paris, Seuil, 2007, p. 194.

3. V. Descombes, « Rorty contre la gauche culturelle », *ibid.*, p. 282-283.

4. V. Descombes, « Philosopher en matière pratique », *ibid.*, p. 59.

usages dont les sociétés traditionnelles ne se sont pas encore débarrassées. L'émergence des sociétés modernes serait donc l'étape ultime d'une marche vers l'émancipation universelle, prescrite par l'essence de la Raison. Mais dans la mesure où cette essence est considérée comme incarnée une fois pour toutes dans le présent des sociétés qui y souscrivent, on peut penser que l'« universalisme » revendiqué par les Lumières est en réalité un ethnocentrisme aussi archaïque que celui des sociétés prétendument traditionnelles.

Si la modernité s'oppose à tout archaïsme, traditionnel ou moderne, on peut la décrire comme un état d'esprit *cosmopolite*. Dans cette perspective, la sortie de l'archaïsme est possible dans toute société, de sorte que la *modernité* n'est pas réservée aux seules sociétés occidentales. Il y a donc un sens à préciser que l'on parle ici de *modernité occidentale*; en la décrivant à travers sa double opposition aux Lumières et à l'Ancien Régime, on donne un cadre historique à la définition du genre romanesque depuis le XIXᵉ siècle jusqu'à aujourd'hui – à condition qu'« aujourd'hui » fasse toujours partie de cette aventure de la modernité. Il reste à montrer pourquoi la recherche du bien humain dans la modernité se fait *par excellence* par le biais du roman, et pourquoi cette description en vient justement à illustrer *l'excellence de ce genre*.

Si la modernité est un état d'esprit, elle doit s'exprimer à travers un ensemble de *formes symboliques*. Et si on a l'esprit moderne, on ne verra pas dans ces formes l'aboutissement inéluctable ou l'essence cachée de celles qui les ont précédées dans le temps. Du coup, leur essence propre ne s'épuisera pas dans l'expression de cet état d'esprit. Si le fait qu'elles l'expriment est intéressant, c'est que la chose n'est pas évidente. Sinon, définir l'une de ces formes – en l'occurrence le roman –, comme un instrument de recherche du bien humain dans la modernité, etc., relèverait de la tautologie pure. Une définition du roman ne sera donc instructive qu'à la condition de s'appuyer sur la logique interne de son évolution. – Mais, parler ici d'*évolution* ne nous ramène-t-il pas aux grands schémas linéaires ? Non, si ce n'est pas l'état actuel de la pratique qui fournit les descriptions pertinentes des étapes précédentes – si ces descriptions sont puisées dans un *vocabulaire* qui surmonte et englobe à la fois les termes par lesquels se comprennent respectivement l'état actuel et les étapes précédentes de son histoire. Où trouver un tel *vocabulaire* ? Précisément dans l'histoire du roman, étudiée comme l'évolution d'une *pratique* sociale – telle la peinture, le commerce, la cuisine ou la recherche scientifique.

Chaque pratique se distingue des autres par ses fins propres ; ses produits sont *jugés* par rapport à ces fins. Les jugements partagés par la communauté des pratiquants ne font évidemment pas l'unanimité par leur *contenu*, mais par leur *forme* : entre cuisiniers, on peut ne pas être d'accord sur la qualité gustative de tel plat, mais on doit être d'accord sur ce qui distingue cette qualité de la valeur nutritive qui préoccupera en revanche un état-major face aux besoins énergétiques de ses soldats. Ainsi les fins d'une pratique fournissent des *critères de perfection*. Les œuvres qui se disputent cette perfection représentent les meilleurs accomplissements de la pratique *jusque là* ; le travail qui vient à la suite de ces accomplissements ne peut pas les ignorer, sous peine de *naïveté*. Certes, on peut toujours se révolter contre les critères admis *jusque là* et revendiquer cette naïveté, comme quand l'impressionnisme proclame la fraîcheur du regard contre les règles de l'académisme. Mais cette révolte se fait au nom d'une fidélité aux fins de la pratique, trahies par les règles jugées sclérosantes ; elle revisite ce qui a été considéré comme le meilleur accomplissement de la pratique *jusque là*, au nom d'une manière plus puissante et plus riche de réaliser les fins *reconnues* de la pratique.

Cela conduit non seulement à l'ajustement des moyens aux nouvelles fins, mais aussi à une compréhension plus complète et plus profonde de ce qui distingue entres elles les fins des pratiques *dans* une culture : par exemple lorsque la tragédie antique se détache de sa fonction primitivement religieuse au sein du culte dionysiaque. Ce qui persiste à travers l'ajustement continu des moyens aux fins et à leurs révisions successives, c'est un certain *esprit*, une conscience de la différence spécifique d'une pratique que les redéfinitions successives de ses fins articulent à chaque fois plus adéquatement – mais toujours partiellement. Par conséquent, même – et *surtout* – la révision des critères de perfection d'une pratique présuppose l'initiation à la *tradition* constituée par les tentatives, les réussites et les échecs reconnus [1]. Il faut savoir peindre comme Raphaël pour pouvoir passer au surréalisme, disait Dali.

Chercher un vocabulaire capable de surmonter et d'englober les termes par lesquels ont été comprises les différentes étapes de cette tradition, c'est chercher le fil conducteur entre les aspirations inaugurales de cette pratique jusqu'à leurs révisions ultimes. Lorsqu'on essaie de définir la pratique romanesque, on en vient à se demander à quelles fins spécifiques ont voulu rester fidèles des écrivains qui, au cours de l'histoire de ce genre, se sont reconnus comme romanciers. Question qui en implique une autre : à quel *esprit* de la pratique ont-ils voulu rester fidèles quand ils ont essayé, chacun à sa manière, de redéfinir ces fins ? – On peut appeler *formelle* une définition qui cerne l'esprit traversant les avatars historiques d'une pratique. Quand Aristote définit la tragédie comme « l'imitation

---

1. A. MacIntyre, *After Virtue*, Londres, Duckworth, 1994, p. 223.

d'une action de caractère élevé et complète [ ] qui, suscitant pitié et crainte, opère la purgation propre à pareilles émotions »[1], il décrit les traits formels qui lui permettent d'accomplir la fin qui la distingue des autres genres. Mais quand Nietzsche décrit le phénomène tragique comme la fusion de l'apollinien et du dionysiaque dans l'Antiquité classique, il se demande à quel moment *historique* nous trouvons les accomplissements du genre qui témoignent de la plus haute fidélité à son esprit inaugural et déploient le mieux ses possibilités.

De même, on peut définir le roman par rapport aux autres genres littéraires, la poésie, le théâtre tragique ou comique, le poème épique, etc. : les définitions formelles abondent dans les manuels, et on n'en trouvera pas ici de nouvelle. Mais il appartient aux nécessités intrinsèques de la « vie d'une pratique » de faire régulièrement le point sur la dernière révision réussie de ses fins – à condition de ne pas prendre cette description *historique* pour une définition *formelle*. Lier la description du roman à celle de la modernité occidentale ne signifie pas que la pratique romanesque était vouée depuis l'origine à exprimer cette modernité, pas plus que le genre tragique et la civilisation classique n'étaient prédestinées l'une à l'autre ; que ces genres aient atteint leur maturité à ce moment précis est un fait qui demande comme tel une explication historique.

S'il n'y avait que le roman pour définir la modernité, on dirait que si la modernité a eu lieu, c'est parce que le roman a atteint sa pleine maturité. Mais il se trouve que les formes symboliques par lesquelles s'exprime l'état d'esprit de la modernité sont multiples : l'œuvre d'art total wagnérienne, la peinture impressionniste, les figures de l'Homme nouveau dans le

---

1. Aristote, *Poétique*, trad. fr. J. Hardy, Paris, Les Belles Lettres, 1977, 1449b24-28.

théâtre expressionniste et les avant-gardes du XXe siècle, etc.
Étudier la synergie de toutes ces formes conduit à une théorie
générale de la modernité. Au sein de ce foisonnement, le
roman se charge quant à lui de la recherche *rationnelle* du bien
humain. Or cette définition dit quelque chose de la modernité :
si des romanciers se sont proposé comme mission la recherche
du bien, c'est qu'elle n'était pas remplie par les autres genres,
du moins pas aussi bien. Qu'elle ait été remplie par le roman
dit quelque chose du roman. Mais si la rencontre du roman et
de la modernité n'a rien du miracle d'une prédestination, elle
n'est pas non plus le produit du hasard : elle déploie les
possibilités les plus hautes parmi celles qui l'ont distingué de
l'ensemble des autres formes littéraires. Pour la même raison,
elle n'est que provisoire : si elle prétend décrire les meilleurs
accomplissements du genre *jusque là*, cela ne signifie
nullement qu'il ne peut pas y en avoir de meilleurs *encore*.

Fiction et bonheur

Pourquoi chercher la fonction du roman dans le cadre de la
recherche rationnelle du bien humain ? Parce que l'interroga-
tion sur les affaires humaines requiert la fiction, qui n'est pas la
simple description des mœurs existantes, mais la quête d'un
bien *à venir*. Cette recherche est une entreprise *rationnelle*
dans la mesure où c'est une pratique qui s'appuie sur des descriptions *acquises* du concept de bien, pour les confronter à des
défis inattendus et les réviser sur la base des *raisons examinées*.

Nietzsche considère que l'esprit de la recherche rationnelle du bien humain atteint sa pleine maturité dans l'Antiquité
grecque. Le regard fixé sur ses « aspects les plus durs, terribles,
cruels, problématiques » de l'existence, l'homme grec

recherche le mode de vie qui puisse résister à l'absurde[1]. Un tel mode de vie doit être bon *en lui-même*. Ainsi l'*aristos*, le noble guerrier, convaincu de la *grandeur intrinsèque* de son mode de vie, se distingue non seulement par sa plus grande force physique qui lui rapporte la victoire mais aussi par le courage qui lui permet de braver le danger même quand tout est perdu[2]. – Premier apport de la fiction dans la recherche du bien humain : il aura fallu l'*Iliade* pour opposer l'attitude noble au commun et au vulgaire, *sans passer par une comparaison des résultats visibles*. Au lieu de la victoire à tout prix, c'est le beau combat qui devient le signe de la noblesse.

La révision de l'idéal aristocratique se fait par le moyen d'une « analyse narrative » des termes par lesquels on qualifie les *acteurs* d'un conflit. Pour faire d'un terme « psychologique » ou « moral » l'attribut d'une personne qui agit dans le monde, il faut l'« analyser » selon un « scénario schématique » qui explicite son contenu comme une description possible du comportement de l'agent. Qualifier l'agent nécessite la description de son action, celle-ci exigeant à son tour la description des changements produits dans le monde. Et « pour décrire ces changements, ces *renversements de situation*, il faut préciser dans quel monde ils se produisent, *i.e.* quelles sont les circonstances de l'action ». On arrive ainsi à une notion non triviale de chaque genre narratif ou dramatique, en lui assignant un scénario schématique et en indiquant sa *cosmologie*, c'est-à-dire les « traits principaux du monde dans lequel l'histoire se passe »[3].

---

1. F. Nietzsche, *La Naissance de la tragédie*, « Essai d'autocritique », § 1, Paris, Denoël, 1964, p. 152.

2. F. Nietzsche, *ibid.*, « Première dissertation », § 5.

3. V. Descombes, *Proust, op. cit.*, p. 90, 161.

Les poèmes épiques chantent les hauts faits des héros, y compris leurs efforts avortés mais entrepris grâce aux mêmes capacités que celles qui leur assurent la victoire quand les dieux leur sont favorables. Dans la cosmologie homérique, le monde suprasensible des *vertus* dédouble le monde visible de la fortune. Plus tard, la philosophie a voulu transformer l'« idéal agonistique » en combat contre les passions de l'âme nuisibles à la *maîtrise de soi*. Mais les poètes tragiques ont rappelé qu'en méconnaissant la pluralité des buts humains, cette maîtrise de soi devenait encore plus vulnérable aux accidents de la fortune. Ce fut là le deuxième apport de la fiction. Aristote est le premier à en tenir compte, lui qui fait de la contingence non seulement l'obstacle, mais aussi la condition de l'action en tant que réponse *appropriée* aux circonstances : le fait que le résultat visé soit toujours incertain distingue en effet l'action humaine de l'ordre des événements naturels, dans la mesure où il lui faut obéir à une exigence normative, par essence exposée à l'erreur[1]. Or une action peut l'être sans atteindre le résultat prévu dans telle situation particulière, à condition toutefois de mettre en évidence les vertus ou qualités durables de l'agent. Le troisième apport de la fiction, autrement dit la fin de la *mimésis* selon Aristote, revient donc à qualifier l'action humaine selon qu'elle exhibe ou non l'« activité de l'âme suivant la vertu *parfaite* » – c'est-à-dire le bonheur[2].

Le premier critère d'évaluation de cette perfection est la *suffisance*. Il régit la hiérarchie des fins « intrinsèques » et « externes » à laquelle correspondent deux types d'actions,

---

1. Voir V. Descombes, « L'action », dans *Notions de philosophie*, Paris, Gallimard, 1995, t. II, p. 150.
2. Aristote, *Poétique, op. cit.*, 1450a19.

celles qui privilégient la manière d'agir *et* celles qui visent d'abord le résultat. Le bien parfait, selon Aristote, est le bien que nous recherchons toujours pour lui-même, et jamais pour d'autres raisons; il est une grandeur incommensurable[1]. Le deuxième critère d'évaluation est celui de la *complétude* : pour que le bien visé soit parfait, il doit englober toutes les fins qui apparaissent au cours d'une vie humaine et dans une société donnée[2]. Si Aristote s'inspire de l'épopée et de la philosophie pour établir le premier critère de la bonne vie, le second lui vient de la tragédie, qui montre que des impératifs *également bons* peuvent entrer en conflit. On jugera donc abusive la manière de gouverner de Créon, car même si la défense de la Cité est un principe légitime, ce n'est pas le seul. Aussi l'aveuglement du monarque entraîne-t-il des *conséquences* imprévues qui mettent le héros en contradiction avec lui-même et provoquent sa *chute* : la tâche de l'*imagination poétique* sera justement de montrer dans quelles circonstances il arrive qu'« une seule et même action qui, sous tel de ses aspects, correspond clairement à tel devoir, peut, sous tel autre de ses aspects, être interdite par un autre principe général de la moralité » – chose inimaginable dans la sphère de la *théoria*, où « il ne peut pas arriver qu'une conclusion vraie en contredise une autre »[3]. Dans la sphère de la *praxis*, point de savoir *a priori* pour dire *quels* principes entrent en conflit, ni *quand*, ni *comment*.

L'antagonisme entre les devoirs existe parce que, pour atteindre les buts immanents aux diverses pratiques sociales,

1. Aristote, *Éthique à Nicomaque*, trad. fr. J. Tricot, Paris, Vrin, rééd. 2007, 1097b6-1098a11.

2. *Ibid.*, 1097b15.

3. V. Descombes, « Universalisme, égalité, singularité », dans *Philosophie du jugement politique*, Paris, Seuil, 2008, p. 212.

il faut des vertus spécifiques et parfois opposées. Mais il y a, selon Aristote, une fin qui sied à l'homme *qua* homme : d'avoir les capacités requises pour la participation à toutes les pratiques, et notamment aux plus fondamentales pour la vie du citoyen[1]. Harmoniser les diverses tâches d'une vie humaine est donc possible, parce que les vertus fondamentales présentent une *unité* conceptuelle. Courage, justice, amitié, tempérance, toutes ces vertus morales se présupposent l'une l'autre : l'homme juste *doit* être tempérant, sincère et courageux. Une vertu intellectuelle – la prudence – permet de mobiliser chaque fois la bonne vertu dans des circonstances précises et uniques au cours d'une vie afin d'éviter le conflit avec d'autres buts essentiels. La prudence *spécifie* le but de chaque action à travers des hypothèses sur la nature des circonstances qui pourront mettre à l'épreuve la cohérence de l'ensemble des buts de l'agent. Qu'il y ait un tel ordre dans l'exercice des vertus signifie que leur unité est *architectonique*, ce qui implique une *hiérarchie* des capacités humaines[2]. Le troisième critère de la bonne vie est donc l'*excellence*, qui en appelle un quatrième : certaines données de la condition humaine sont vues à chaque époque historique comme déterminantes de la vie humaine dans son ensemble ; toute réaction appropriée aux circonstances particulières doit incorporer cette exigence de *cohérence* entre la forme de vie et une certaine *description* des choses, puisque l'excellence des vertus est dictée par la conception que l'on se fait de la nature de l'homme et de sa place dans le monde.

---

1. Aristote, *Éthique à Nicomaque*, *op. cit.*, 1097b8.
2. *Ibid.*, 1098a16.

LE MOMENT EXTRAMONDAIN

L'optimisme d'Aristote quant à l'unité possible des vertus semble justifié dans le cas de la Cité antique. Mais à l'époque impériale, l'harmonisation des buts de la vie privée et des devoirs publics ne dépend plus de la délibération directe des citoyens. Entre vertu et bonheur, le lien n'est plus *visible du dehors*; les événements publics échappent au contrôle de ceux qui les subissent. Mais si le *contenu* du concept de la bonne vie ne peut plus être le même dans la nouvelle configuration historique, les critères qu'Aristote a fixés pour l'application du concept sont utilisés afin de le réviser. Pour rendre la forme de la vie humaine *cohérente* avec l'image d'un monde public immaîtrisable et pour assurer sa *suffisance* contre l'arbitraire toujours plus menaçant des affaires humaines, les stoïciens distinguent le but extérieur d'une action de sa fin propre, laquelle réside *uniquement* dans la manière d'accomplir le but visé, et non dans son accomplissement effectif. Si la flèche de l'archer manque son but, l'effort de l'avoir ciblé du mieux possible suffit pour conclure à l'*excellence* de son action. Selon le critère de la *complétude*, l'unité d'une vie humaine n'est dès lors plus architectonique mais *formelle* : l'harmonisation des activités se fait en amont des tâches particulières issues de la contingence naturelle ou sociale, dans la manière *détachée* dont l'homme se rapporte à l'ensemble de ses devoirs envers la Cité. Soustraite aux hasards du monde, la fin de l'*ataraxie* donne à la vie humaine une unité conforme à l'*excellence* de la partie raisonnable de l'homme par la maîtrise des passions. L'appréciation de chaque action humaine

« se dédouble » en un point de vue « absolument moral » et un point de vue de « valeur conventionnelle »[1].

Devoir porter deux jugements distincts sur la grandeur d'une action présuppose de croire qu'il est *humainement possible* de régler la conduite selon deux échelles de valeurs dont l'une est supérieure à l'autre, du point de vue de la suffisance, de la complétude et de l'excellence. La possibilité de l'idéal agonistique a été explorée par Homère ; celle de l'idéal classique par les tragiques. L'exploration de la vie *intérieure* sera l'œuvre du roman hellénistique, où c'est en général un couple de purs jeunes gens qui en incarne l'idéal, en choisissant de vivre leur amour parfait dans une nature vierge des artifices d'une société corrompue[2]. L'« analyse romanesque » doit démontrer la supériorité de cette unité idéale sur le « monde », qui lui oppose une multitude de forces hostiles et d'obstacles imprévus. Son scénario comprend une rhapsodie d'aventures qui sont autant d'épreuves pour la fidélité des amants. L'idéal doit trouver une « manifestation plausible » dans un univers dépeint, conformément à la cosmologie du genre, « comme perpétuelle tromperie de l'apparence et de la Fortune », où la raison « n'a pas de prise et d'efficacité pratique »[3]. Pour être *cohérent* avec cette description des choses, le mode de vie élu ne sera donc pas celui de l'intervention active dans le monde, mais celui d'une *résistance intérieure* : première apparition du concept d'individu, dans l'image des amants retranchés dans l'*éros* pour fuir les persécutions du destin.

1. V. Descombes, *Le Complément de sujet*, Paris, Gallimard, 2004, p. 289 et 293.

2. K. Papaïoannou, préface à Longus, *Daphnis et Chloé*, Paris, Gallimard, 1973, p. 10.

3. M. Fucillo, *Naissance du roman*, Paris, Seuil, 1991, p. 47.

Il faut montrer que cette conduite est *excellente*, dans la mesure où elle réalise les plus hautes possibilités de l'être humain ; *suffisante*, car la Fortune a beau empêcher la réunion des amants par déclassement ou chute dans l'esclavage, elle ne leur fera jamais abdiquer leur fidélité. Elle est également *complète*, pour autant que la perfidie du « monde » ne sera jamais à leurs yeux que le théâtre de biens mensongers dont le manque ne peut rien ôter à la bonne vie, et *durable*, car leur vertu se maintiendra constante à travers tous les retournements de la fortune. L'*espace* nécessaire à une telle analyse sera la durée de vie individuelle ouverte aux possibilités de l'amour et exposée aux coups du destin, c'est-à-dire le temps de la jeunesse jusqu'à l'établissement du couple dans le bonheur mérité. – Cette notion d'« espace » est cruciale : cautionner une certaine idée de la bonne vie exige en effet la comparaison et la comparution des biens dans un même horizon ; leur *compossibilité* restera abstraite tant qu'elle ne sera pas testée sur un terrain balisé par une cosmologie spécifique.

La vertu tire son éclat de ses mésaventures. Mais l'analyse romanesque de cet idéal fait apparaître une contradiction : si l'individu *rejette* le monde comme lieu de la vie idéale, le monde en revanche est amené à *reconnaître* la supériorité de l'idéal qui scelle le bonheur du couple élu, comme si les nœuds et le dénouement des péripéties illustraient le problème logique « de la réalité de la norme morale » : « si la norme morale appartient à notre monde, pourquoi est-elle si universellement méprisée, et si elle ne lui appartient pas, pourquoi est-elle si évidente aux yeux de tous ? »[1]. Thomas Pavel considère la « question axiologique » comme la problématique permanente de l'entreprise romanesque et l'horizon dans

---

1. Th. Pavel, *La Pensée du roman*, Paris, Gallimard, 2003, p. 229.

lequel se déploient tous ses efforts ultérieurs. Je voudrais montrer qu'au cours de son histoire, cet esprit demeure, mais que la fin de l'entreprise romanesque est par deux fois reformulée. On peut appeler la réponse initiale à la question axiologique son « moment extramondain » : la certitude qui anime le roman hellénistique quant au fait que le lieu du bonheur – le couple et l'individu exceptionnellement purs – n'appartient pas au monde ordinaire. Le prochain avatar du roman est rattrapé par le soupçon que le bien n'est pas là où on l'attend. Il faut donc le chercher *ailleurs*. Que le bien n'est pas cantonné dans le cercle de nos attentes, telle est la « réponse démocratique » du roman à la question axiologique. Or – et c'est la version *radicale* de la réponse – si le bien est à chercher ailleurs, cela signifie qu'on ne sait pas vraiment ce que c'est et qu'il faut par conséquent le définir à nouveau. C'est le moment de la maturation du genre – et celui de la modernité occidentale.

La synthèse médiévale

Comme il paraît étroit, ce mot de « bonheur », pour décrire la fin ultime de l'existence humaine ! « Il est rapporté que Luther, quand quelqu'un proposa *Glücklichkeit* comme la fin de la vie humaine, rejeta violemment cette idée et dit : "*leiden, leiden, Kreuz, Kreuz*" »[1]. Pourtant, à la nouvelle description chrétienne du monde doit correspondre une nouvelle exigence de cohérence et d'excellence : si l'homme parvient à se reconnaître comme *radicalement* déchu, il déclarera ses œuvres nulles devant la Volonté insondable de son Créateur, qui lui octroie sa Grâce non pas selon son mérite mais selon la

---

1. B. Williams, *Morality : an introduction to ethics*, Cambridge, Cambridge UP, 1993, p. 90.

profondeur de sa souffrance. Il sied alors à la vie du croyant d'honorer l'infinité divine dans la patience et dans l'obéissance, toute vertu dans laquelle l'homme se glorifie lui-même étant source d'orgueil et vice splendide. – Mais le diable, nommément Aristote, rétorquerait que la patience et l'obéissance sont justement des vertus, dont l'exercice *suffit* à rendre l'homme *durablement* capable de répondre adéquatement à sa condition de *créature*. Appliquer les critères de la bonne vie à la cosmologie chrétienne aboutit à une révision morale qui approfondit l'intériorisation du bien suprême. Comme le retrait hors du monde dans le roman hellénistique se produit dans l'espace du couple, le salut hors du monde dans le christianisme s'accomplit dans l'espace de l'Église. Il requiert un nouvel éventail de vertus, au moment même où il nie – chez saint Paul et saint Augustin – l'idée de la vertu justifiant l'homme devant Dieu. Car la route qui mène vers la félicité n'est pas simplement jonchée d'obstacles menaçant l'intégrité physique de la communauté idéale, comme dans le roman hellénistique. La vie terrestre est un séjour semé de *tentations* : l'homme y succombe s'il les surmonte dans l'orgueil et dans l'« agrandissement de soi ».

Les guerres barbares lèguent à l'Europe médiévale des mœurs analogues à l'« *éthos* héroïque » de la Grèce archaïque. Le mode d'expression de la morale *courtoise* est celui de la chanson de geste. Comment concilier ces vertus guerrières avec celles que prône l'esprit chrétien : foi, espoir, charité ? À toute grande scission, succède une grande synthèse. En répartissant les rôles entre le « ciel » et le « siècle », l'Église reconnaît l'autorité de l'État pour ce qui est des affaires temporelles, mais l'État obéit à l'Église dans les choses relatives à la destinée éternelle de ses sujets. Ainsi les vertus séculières rattachent l'individu à la communauté visible dans le cadre de la société féodale, où la réponse appropriée aux circonstances de la vie sera dictée par un sentiment d'appartenance, c'est-à-dire de *loyauté*, et par la conscience du rang public que l'on occupe, c'est-à-dire par l'*honneur*. Quant aux vertus chrétiennes, elles rattachent l'individu au corps mystique du Christ.

Les textes sacrés – écrits en latin – apportent les réponses appropriées aux exigences du salut, et la prudence fera le reste pour ce qui est du royaume terrestre. Selon ce nouveau dédoublement moral, toute action humaine aura donc un sens à la fois séculier et transcendant. Dans la société féodale qui s'affirme comme permanence de l'éternel, l'harmonisation architectonique des pratiques sociales se règle selon la *concordance* entre le présent profane et la sphère éternelle du sacré : la fin du salut de l'âme englobe les buts poursuivis dans les pratiques terrestres. Les grands systèmes médiévaux de pensée, dont celui de Thomas d'Aquin, en *déduiront* l'unité parfaite de la « table des vertus ». Cependant, cette « exigence éthique absolue » est inaccessible. Elle « se contente d'indiquer la direction d'un chemin infini », mais quand elle intervient dans les choses terrestres elle n'est pas en « état d'indiquer de quelle manière l'homme doit atteindre le bien, qui justement est indéfinissable »[1]. Ainsi chaque « système de valeurs » ne vise qu'indirectement la fin absolue qu'est la victoire sur l'« angoisse de la mort » en accomplissant ses buts propres. Paradoxalement, c'est la soumission de toutes les pratiques à une fin transcendante qui assure leur autonomie comme fidélité à leur *esprit* propre se démarquant de la poursuite immédiate des résultats. Parce que l'homme du Moyen Âge garde les yeux rivés sur un « but axiologique infini », il a conscience que sa tâche terrestre ne saurait l'y faire accéder ; il

1. H. Broch, « Le mal dans les valeurs de l'art », dans *Création littéraire et connaissance*, Paris, Gallimard, 1966, p. 320 (dorénavant cité *CLC*).

doit donc « servir Dieu exclusivement en exécutant son travail terrestre *pour lui-même* » : si l'effet suprême n'est pas immédiatement présent « dans le tableau du peintre, dans l'épée de l'armurier, dans la chaussure du bottier », ces artisans peuvent s'engager dans leurs arts par fidélité à un certain esprit de leur pratique plutôt que par souci d'efficacité extrinsèque [1].

Dans la cosmologie « épique » des chansons de geste, les actes relatés s'intègrent immédiatement dans cette synthèse de l'infini et du fini. Mais vers la fin du XIIᵉ siècle, la transcription de ces récits légendaires en prose lue en déplace l'accent. Le *roman* qui en résulte (terme issu de la langue vulgaire – *romanz* – dans laquelle il est écrit, par opposition au latin) raconte une aventure particulière entreprise dans un but privé : « le devoir du héros est d'affronter des épreuves pour obtenir ce qu'il convoite, en général gagner le cœur d'une femme à qui il doit apporter la preuve de sa fidélité, de son courage et de sa valeur » [2]. Dans les *romans de chevalerie*, cet amour que les chevaliers doivent mériter en bravant les « maléfices des enchanteurs » n'est plus la recherche d'un objet aussi précis que la cause collective au service de laquelle sont accomplis les hauts faits de l'épopée. Les chevaliers sont agités d'une *passion mystique*, issue de la spiritualité gnostique, dont les courants s'étendent, au XIIᵉ siècle, de la Provence à l'Espagne, pour déboucher finalement sur la « religion des troubadours » : le monde créé est la demeure du Mal et il faut s'en affranchir. On se libère de ses liens terrestres à travers la passion charnelle, considérée à son tour comme une *allégorie* de la passion de l'au-delà.

1. *CLC*, p. 342.
2. M. Raimond, *Le Roman*, Paris, Armand Colin, 1988, p. 18.

Cette « libération du désir » devient le noyau de la sensibilité des classes qui émergent autour des cours royales, à commencer par celle d'Henri II[1]. L'amour s'incarne dans la figure d'une Femme à jamais inaccessible, parce que symbole d'une pureté transcendante. Elle est l'objet d'un désir sans espoir, car s'il pouvait être satisfait, il reconduirait fatalement aux attachements d'ordre terrestre. La passion du héros est alors habitée par un idéal supérieur aux règles de la bienséance courtoise qui régit les unions matrimoniales conventionnelles. Une succession d'obstacles est indispensable au déploiement durable de la passion, afin de différer sa satisfaction terrestre et d'en annoncer une plus haute. Sans « traverses » à l'amour, point de « roman »[2]. Le concept de l'obstacle est soumis à une nouvelle intériorisation. Si les péripéties sont extraordinaires, c'est que les « changements de situation » du héros ne résultent pas simplement d'un « jeu complexe des circonstances »; ce jeu extérieur trouve son pendant dans une aventure *intérieure* qui provoque chez le héros une réaction différente de celle des gens ordinaires et témoigne d'une grandeur d'âme insoupçonnée parce qu'en connivence avec l'infini. Car désormais, lorsqu'on cherche l'infini, toute fin visible que l'on se donne n'est qu'un prétexte. La fin réelle est inavouable – mieux : c'est le propre de la passion mystique d'être *sans fin*, puisque l'attachement aux créatures finies est vécu comme une offense et une limitation. Ainsi l'obstacle ne se trouve pas *devant* le héros comme une négation de son désir; il réside dans une inquiétude *interne* à la passion qui nie ses propres objets. Si l'homme agit dans le monde, son idéal doit rester obscur : le héros de roman est obligé, au nom de sa loyauté envers son

---

1. M. Zeraffa, *Roman et société*, Paris, PUF, 1971, p. 103, 110.
2. D. de Rougemont, *L'Amour et l'Occident*, Paris, Plon, 1939, 1962, p. 40.

seigneur, de respecter la hiérarchie sociale ; d'autre part, il est obligé d'enfreindre ces normes au nom même de sa passion. Du point de vue de la norme sociale, la passion est une infraction ; du point de vue de la passion, l'interdit social est un obstacle nécessaire qui sublime la vie amoureuse en différant sa satisfaction. Les deux descriptions des mêmes événements sont proprement incommensurables. La *perspective du héros* s'avère alors *partielle* – « subjective », dirions-nous aujourd'hui – en ce qu'elle impose à la réalité vécue une « schématisation » inavouable en termes publics. Le « dédoublement moral » tourne à la *duplicité*. Mais la fin inavouable doit toujours être exprimée dans un langage *emprunté* à des buts ambiants ; la « rhétorique profane » des passions charnelles, inventée pour dissimuler l'hérésie gnostique, n'est qu'un prétexte au service d'un idéal qui les dépasse, mais elle reste néanmoins le premier langage disponible pour exprimer cet idéal.

L'éclatement de synthèse

La « question axiologique » se pose de manière exaspérée au lendemain des Croisades, cette « aventure totale » et totalement mensongère dont la fin spirituelle affichée dissimule mal la quête du gain temporel par le pillage d'un Orient opulent :

> La totalité se disperse, s'éparpille, éclate en aventures, victoires, défaites, contingences hautes en couleur, et l'issue ne correspond pas aux moyens ni aux dispositions prises. On peut même dire que la fin s'abolit par sa réalisation [...]. Ici on se bat comme un beau diable pour sa propre renommée, là on prête main forte à l'innocence persécutée, on accomplit pour l'honneur de sa dame les exploits les plus effarants ou encore on rétablit de son propre chef, à la force du poignet ou à la pointe de son épée, le

bon droit opprimé – y compris si l'innocence libérée en
question n'était qu'une bande de coquins.

Entre le « désir infini » des troubadours et l'aventure dans
laquelle « il n'y a pas de situation, pas de donnée initiale, pas
de conflit tel qu'il soit nécessaire d'agir, mais [où] c'est le
cœur qui veut partir et se cherche intentionnellement des aventures »[1], les ressemblances s'imposent. L'aventurier sort du
monde pour s'agrandir en devenant un « héros libérateur,
redresseur des torts et champion des faibles ». Le rejet d'un
ordre *fini* des grandeurs se signale aussi par un agrandissement
de soi dans la passion qui n'aime pas son objet mais qui
« s'aime aimer ». La tradition augustinienne s'en méfiera durablement, tâchant de montrer le mensonge de la complaisance
et de la délectation dans la passion inassouvissable.

Mais c'est par les moyens du roman lui-même qu'elle fait
la guerre au roman. Le Chevalier à la triste figure de Cervantès
lègue à la conscience européenne la réponse « extra mondaine »
la plus achevée à la « question axiologique » : entre la pureté de
l'idéal, « l'extravagance du rêve chevaleresque » et la « prosaïque réalité du temps » le gouffre devient infranchissable.
Si le rêve de corriger la vie échoue, c'est parce que Don
Quichotte ne voit de la réalité que ce qui cadre avec son rêve. Il
vit exclusivement dans un monde peuplé d'êtres issus de son
imagination. Il est toujours prêt à redécrire ce monde dans ses
propres termes afin d'expliquer l'échec de son idéal. Dans sa
cosmologie à lui, quand les résultats de l'action contredisent
ses desseins, ce n'est pas que l'action n'a pu transformer l'ordre
des choses. Si le monde de l'expérience commune résiste à
l'idéal, c'est, aux yeux du Chevalier, parce que ce monde

1. G.W.F. Hegel, « L'aventure », dans *Cours d'esthétique*, Paris, Aubier,
1995, t. II, p. 203.

ordinaire se trouve enchanté au moment même où l'idéal
cherche une prise sur lui. Quant à l'échec, il faut en blâmer
l'ensorcellement qui transforme en moulins les géants et les
demoiselles en paysannes. À cette cosmologie euphorique
s'oppose celle des personnages désabusés. Face à elle, la perspective du héros tourne à vide, comme le Chevalier lui-même
sur les ailes des moulins.

Cependant, la « thérapie du désir » que nous propose la
pratique romanesque de Cervantès ne s'épuise pas dans
l'élimination de « l'incurable infantilisme de ses illusions »[1].
Certes, la perspective du héros est *corrigée* par l'épreuve de la
réalité qui déniaisera le Chevalier jusqu'à l'aveu de sa défaite
définitive et le lecteur jusqu'à celui de l'inanité du merveilleux.
Mais parce qu'elle consiste en un ensemble de descriptions du
monde *imperméable* aux termes de l'expérience ordinaire,
cette perspective garde un pouvoir à double tranchant. D'une
part, le fait que *tout* événement puisse être décrit comme le
produit d'un ensorcellement est le signe infaillible de la
démence du Chevalier; mais c'est d'autre part le signe de
la transcendance d'un idéal qui s'affirme au moment même
de son éclipse. La « folie » du Chevalier frappe sa manière
de décrire le monde et non pas son idéal; les personnages
rencontrés par Don Quichotte, « grands seigneurs, dames du
monde, souillons, rustres et ruffians », utilisent le même vocabulaire moral que lui, parlent de l'amour, du bien et du beau, de
la poésie et des prouesses désintéressées. Sauf que le Chevalier
est le seul à vraiment prendre au pied de la lettre tous ces
grands mots, qui « servent à la fois la bonne conscience et les
mauvaises actions de tous » sans engager personne, mots dont

---

1. M. Robert, *Roman des origines et origines du roman*, Paris, Gallimard,
1972, p. 226.

la majesté est unanimement admirée et «soigneusement exclue des affaires sérieuses de la vie». Les buts réels des gens «sérieux» s'avèrent intéressés, mesquins et hypocrites, et finalement moins dignes d'être poursuivis que les chimères du Chevalier errant.

Le scandale arrive par la cohérence obstinée avec laquelle le Chevalier démasque l'incohérence du discours affiché, dont il *partage les évaluations fondamentales* en divergeant sur la question de savoir *à quels événements du monde les appliquer*. Dans sa course folle, il renverse les *localisations* du ridicule et du sublime et désarme au passage les opinions «raisonnables» du curé ou du barbier; quand ils parlent au nom de la raison et trouvent insensés les agissements de Don Quichotte, ces derniers se trompent plus que lui en ne voyant pas que les frontières «entre la raison et la déraison, le normal et le pathologique, l'admissible et l'irrecevable, le risible et le sérieux, entre aussi la vraie noblesse et la réelle médiocrité» ont été déplacées[1]. Ce déplacement de frontières signale aussi le passage du moment «extramondain» du roman à son moment «démocratique».

LE MOMENT DÉMOCRATIQUE

Le concept chrétien d'obstacle à la réalisation de l'idéal, autrement dit la tentation, fait que *toutes* les circonstances de la vie terrestre sont décrites comme *moralement signifiantes*. La sphère du «profane» se voit reconnaître une dignité inattendue comme une allégorie du monde céleste. Mais à l'apogée de cette «totalisation» elle devient une sorte

---

1. P. Chartier, *Introduction aux grandes théories du roman*, Paris, Bordas, 1990, p. 32-33.

de plaque tournante qui indique aussitôt une voie de sortie hors
du symbolisme médiéval et de la synthèse hiérarchique des
vertus chrétiennes et séculières. Chez Dante, *tous* les aspects
de l'existence auparavant méprisés, toutes les passions,
des souffrances les plus humbles à l'obscure vie de la chair,
trouvent un répondant céleste et renvoient aux choses sacrées[1].
De son côté, la Renaissance développe des formes symboliques comme dans les nouvelles de Boccace ou les sonnets de
Pétrarque, où l'accent se déplace vers des sentiments singuliers ou des réactions *inédites* à des circonstances communes.
Face à la peste, les personnages du *Décaméron* choisissent de
fuir la ville et de se conter des histoires sans signification
universelle[2]. Mais le glas de l'« image platonico-chrétienne du
Moyen Âge » sonne quand la Réforme exige que tout contenu
spirituel se renouvelle à travers l'expérience *immédiate* de
l'homme terrestre. Le rejet de la médiation entre l'homme et
son Créateur radicalise la dénonciation augustinienne de la
morale des vertus héroïques – qu'elles donnent lieu à des
exploits guerriers ou spirituels : leur postulat commun est en
effet qu'il existe des formes de vie supérieures aux autres, et
donc des hommes plus proches de Dieu que d'autres.

La résurgence d'un nouvel esprit hiérarchique au XVIIe
siècle – siècle aristocratique entre tous – freine un peu cette
« affirmation de la vie ordinaire ». Dans la tragédie classique,
où la réaction appropriée de chaque personnage aux événements obéit aux lois de la bienséance, tous les types possibles
d'expérience humaine sont ordonnés d'emblée selon leurs
différents « niveaux de style » : il y a des émotions nobles,

---

1. E. Auerbach, *Mimésis* (1946), Paris, Gallimard, 1968, p. 205 *sq.*

2. L. Proguidis, *La Conquête du roman*, Paris, Les Belles Lettres, 1997,
p. 246.

comme la colère, dont le conflit avec le devoir requiert le langage altier de la tragédie ; les passions privées ne sauraient se hausser à ce niveau et doivent être prises en charge par des genres *subalternes*, comme le roman pastoral ou la comédie. Mais il y a un ver dans la morale aristocratique : les mœurs de la cour favorisent la fréquentation des sexes ; l'isolement n'est plus ce qui garantit la chasteté ; c'est à la maîtrise consciente de la conduite que revient cet office de contrôle. La séduction a lieu ; ses fruits sont interdits et doivent être sacrifiés aux bienséances, mais ils auront entre temps manifesté une *excellence propre* à la vie de la passion, qui réclame une légitimité autre que celle de trublion des bienséances ou de faire-valoir de la continence héroïque, une attention que ne sauraient lui accorder ni la tragédie ni la comédie classique. Cette vie de la passion implique une *évolution* des sentiments dans le temps ; la « coupe transversale » d'une seule action sur la scène du drame ne suffit pas à représenter le mûrissement intérieur de la lutte entre devoir et passion. Le *traitement sérieux d'un sujet comique dans la durée de la vie intérieure* ne saurait trouver son expression que dans un genre qui, par sa constitution, peut mêler les registres et les styles. Désormais, l'opposition cornélienne entre l'amour interdit et la règle des bienséances se trouve intériorisée et donne lieu à une *duplicité* psychologique. La *Princesse de Clèves* (précédée de la *Lettre sur l'origine des romans* de Pierre-Daniel Huet, qui définit les romans comme « des histoires feintes d'aventures amoureuses écrites en prose avec art pour le plaisir et l'instruction des lecteurs » et dont l'intrigue est située dans la cour de Henri II) déplace la grandeur du côté de l'émotion « privée ».

Un autre déplacement, opéré dans le monde anglo-saxon, donnera à la « passion privée » un contenu plus large que celui de l'amour et fera du roman la principale forme symbolique d'un état d'esprit «faustien» de l'homme européen. Si l'homme du XVIIIe siècle se conçoit comme un «individu» ayant des fins différentes de celles du monde, ce n'est plus par le biais d'une sortie du monde qui oppose ses fins extramondaines aux buts naturels de l'existence ordinaire. C'est un «individu-*dans*-le-monde» : il veut réaliser les mêmes buts mais conformément à un esprit qui témoigne de son appartenance à un ordre divin transcendant la nature ; cette appartenance se manifeste quand l'homme *utilise* la nature sans reconnaître en elle de téléologie propre qui pourrait limiter la volonté souveraine de son Créateur, et dont l'ordre serait une instance de médiation entre ce Créateur et le croyant [1]. Ce croyant qui n'accepte de se justifier que devant Dieu a besoin, pour ses buts spirituels, d'un genre littéraire qui véhicule à la fois son *examen intérieur* et son attention aux détails du monde empirique. Ce genre doit être capable de s'emparer « des secteurs de plus en plus vastes de l'expérience humaine, sans limite dans le choix du sujet, du temps, de l'espace, du décor » [2]. Dans cette nouvelle cosmologie romanesque, la totalité du monde n'est pas déduite à l'aide de principes donnés d'avance, mais induite par le biais d'une expérience qui fera toujours reculer les limites de l'inconnu. La conduite convenable n'est plus déterminée *a priori* par la place qu'on occupe dans la hiérarchie sociale ; le rôle social n'assure plus l'accès à la grandeur morale ni à la pureté du cœur ; il faut donc les retrouver dans la mise en œuvre d'une intrigue *inédite* qui rompe avec les schémas préétablis par le mythe et l'histoire épique. Or pour sa part, le roman a déjà accompli ce « dépasse[ment] définiti[f de]

---

1. Voir Ch. Taylor, « God Loveth Proverbs », dans *Sources of the Self*, Cambridge (Mass.), Harvard UP, 1989.

2. M. Robert, *Roman des origines et origines du roman, op. cit.*, p. 143.

tout traditionalisme littéraire »[1]. Ouverture à la nouveauté de l'expérience – d'où son appellation anglaise : *novel* – le roman est à même de remplacer l'image médiévale d'un monde unifié *a priori* par un agrégat d'expériences fragmentaires.

Robinson Crusoe, à la différence de Don Quichotte, prend activement ses affaires en main au lieu de se complaire dans l'échec comme le signe d'une grandeur cachée. Il revient au monde réel pour *apprendre* à le maîtriser. La réalité ne peut plus être vaincue à la seule force de l'idéal, il y faut des outils, des calculs, toute l'expérience et la patience exigées. Cette sortie hors de la rêverie désœuvrée est la situation concrète du bourgeois anglais du XVIIIᵉ siècle, qui se sent, dans sa condition de parvenu, comme exilé dans un *no man's land* social. Le nouvel idéal romanesque doit se déployer jusqu'aux recoins inexplorés du cœur, de la société et du vaste monde, afin de voir si la synthèse des vertus qui le composent est viable. L'expansion géographique s'accompagne d'un élargissement de l'espace moral, qui donne son essor au moment « démocratique » du roman : la valeur morale n'est pas détenue par les classes oisives aux privilèges illégitimes mais par le *self-made man* qui ne dispose que de son mérite – avantage plus *suffisant* que celui d'une distinction de naissance dont l'*excellence* n'est que le pâle vestige d'un héroïsme désuet.

Dans *Le Vicaire de Wakefield* de Victor Goldsmith, le mystérieux M. Burchell défend l'idée qu'un homme doit être jugé non par l'absence de défauts, mais par la « grandeur de ses vertus », comme le politicien par la fierté, le savant par la prudence, le guerrier par la férocité. Le vicaire lui répond que cette analyse ne s'applique qu'à de menus défauts ; mais un caractère combinant des vertus extraordinaires avec de grands

---

1. I. Watt, *The Rise of the Novel* (1957), Londres, Penguin, 1972, p. 13.

vices mérite le mépris[1]. M. Burchell évoque la Providence qui fait qu'on ne peut pas avoir de *grandes* vertus tout en étant vicieux par ailleurs. Là où la raison est débile la volonté est corrompue : la conception aristocratique de l'unité des vertus veut que lorsqu'on possède des capacités intellectuelles extraordinaires, on ne peut être que généreux, brave et amène. Le vicaire lui reproche d'être le démenti vivant de cette harmonie, puisqu'en lui la compossibilité de l'intelligence affichée et des intentions malveillantes est prouvée par le fait qu'il n'hésite pas à calomnier les filles du vicaire auprès des dames qui étaient prêtes à les prendre en leur compagnie, les privant ainsi de la perspective d'un beau mariage. Il croit par là démontrer le vice caché des valeurs aristocratiques (l'ambition, l'habileté, l'orgueil, le plaisir, …) qui justifient l'oppression des humbles. À son grand dam, l'unité des vertus proclamée par M. Burchell se restaure quand celui-ci se révèle le personnage le plus puissant *et* le plus charitable : c'est lui qui déjoue les plans de son neveu, type même de l'aristocrate plein de morgue et cruel envers les faibles. Sauf que cette synthèse entre la magnanimité et la justice doit être cautionnée en l'absence de toute garantie « mondaine » : il faut que sa majesté puisse briller sans le secours du pouvoir ni de l'argent. Ce n'est qu'après cela que le « pauvre » M. Burchell s'avère être un homme riche, Sir William Thornhill, grand familier des sénateurs.

Rencontrer de princes déguisés en braves infortunés, cela relève du *merveilleux*. Mais cette « disproportion entre les causes et les effets »[2] est nécessaire, dans la mesure où la noblesse intérieure du personnage a besoin d'être reconnue et

---

1. V. Goldsmith, *Le Vicaire de Wakefield*, Paris, Hachette, 1889, p. 149-150.

2. V. Descombes, *Proust, op. cit.*, p. 69.

validée indépendamment de son statut social par ceux dont la fidélité à la même vertu est *excellente* pour n'être *jamais associée* à un rang quelconque. Quand vertu et bonheur se réconcilient dans le mariage, le nouveau couple devient alors le produit non d'une pureté extramondaine mais d'une mobilité sociale dont le moteur sera l'«amour-passion» qui défait la corrélation attendue entre la qualité de l'agent et sa conduite publique. Ainsi, dans *Manon Lescot* de l'Abbé Prévost, les mauvaises actions du héros ont pour seul motif l'amour, qui est «toujours un motif noble, quoique la conduite soit basse»[1]. Le décalage entre la noblesse de l'intention et la bassesse de la conduite visible permettra au roman de mettre en scène des personnages dont la vertu n'a pas de répondant dans leur situation mondaine. Les genres «nobles» réservaient le traitement sérieux aux personnalités de haut rang. Désormais, tout le monde doit être pris au sérieux, d'autant que les plus humbles sont ceux qui ont toutes les chances d'être les moins *corrompus*. Et ce, parce qu'ils sont moins piégés par les conventions sociales qui définissent d'emblée la place d'une conduite dans l'échelle des valeurs. Du coup, l'hypocrisie n'est plus le triste privilège de la seule classe aristocratique; la démocratisation de l'idéal a pour corollaire l'idée que *tout* le monde a droit à la dénonciation morale :

> Orgueil humain, que peu de gens reconnoissent tes pièges et s'aperçoivent de tes mouvements ! Avec quel art tu trompes les hommes ! Tour à tour tu paroîs sous le masque de la pitié, de la générosité, de la bravoure; tu te caches effrontément sous l'apparence de la vertu la plus héroïque. Monstre odieux, contre lequel les Prédicateurs ont déclamé, les Philosophes ont

---

1. Montesquieu, *Mes pensées*, cité par P. Chartier, *Introduction aux grandes théories du roman, op. cit.*, p. 49.

invectivé, et que les Poëtes avec plus de fruit ont ridiculisé, personne n'ose t'avouer pour ami, et chacun te loge chez toi [1].

À l'époque des Lumières, le roman devient le *tableau des mœurs séculières* et diffuse la critique des moralistes français : «"À quoi servent les romans ?" […] – ils servent à vous peindre tels que vous êtes, orgueilleux individus qui voulez vous soustraire au pinceau parce que vous en redoutez les effets». Si la vertu est absente, c'est parce que ceux qui l'évoquent ne le font que pour mieux dissimuler le vice :

> […] il y a peu de personnes qui fassent du bien aux autres, quoique tous s'accordent à faire l'éloge de ceux qui en font. […] La vertu a mille panégyristes et n'a presque point de spectateurs. Tout le monde invective contre le vice, et tout le monde est vicieux [2].

Le roman se charge de débusquer les ruses du vice sous les apparences de la vertu et les motivations inavouées derrière les justifications publiques de la conduite. L'Histoire ne peint l'homme que «lorsqu'il se fait voir – et alors ce n'est pas lui; l'ambition, l'orgueil couvrent son front d'un masque qui ne nous représente que ces deux passions et non l'homme». Seul le roman est à même de pénétrer les secrets de la dissimulation, parce qu'au lieu de se contenter d'une façade d'actions grandioses, il décrit l'homme jusque «dans son intérieur, le prend quand il quitte ce masque». Saisir la vertu comme un *masque* présuppose d'interpréter la conduite publique comme le produit d'un *mécanisme* dont les lois ne sont pas celles des conventions sociales mais un «véritable dédale de la nature» :

---

1. H. Fielding, *Joseph Andrews* (1742), Paris, Flammarion, 1990, p. 282 et 106.

2. D.A.F. de Sade, *Idée sur les romans*, Paris, Arléa, 1997, p. 37.

la vertu n'y est qu'*une* possibilité parmi une « variété infinie » d'autres. Ainsi la fin de la Poésie est de « nous faire voir l'homme non pas seulement tel qu'il est, ou ce qu'il se montre – c'est le devoir de l'historien – mais tel qu'il peut être, tel que doivent le rendre les modifications du vice et toutes les secousses des passions »[1].

Les Lumières et le Romantisme

La raison scientifique aux normes universelles descend dans les profondeurs de la nature humaine pour en décrire le mécanisme ; encore faut-il montrer ce que ce mécanisme *peut* faire, examiner ce que peut être une vie humaine décrite *en cohérence* avec cette nature démystifiée. Aussitôt, la démystification se met au service d'un nouvel idéal. L'homme aristocratique du XVIIe siècle était mû par des *passions* ; son *excellence* s'illustrait dans la capacité de choisir les moins communes et les plus altières. Le bourgeois du XVIIIe siècle, lui, ne voit que le désordre et la destruction sociale résultant de cet idéal héroïque, et fait dépendre le bonheur de la satisfaction non plus des passions, mais des *intérêts* qui font coïncider le bien personnel et le progrès social[2]. Mais cet idéal s'avère contradictoire. Car l'action de satisfaire un intérêt ne vaut que par ses résultats. Vouloir maximiser la satisfaction, c'est faire de l'efficacité le seul but des actions humaines, en les dépouillant de leur valeur intrinsèque. Les biens utilitaires ne peuvent être que des biens externes – réussite, statut, argent – dont la possession augmente la capacité de satisfaire les désirs « naturels ». La vie en société n'a d'autre valeur que d'être un

1. D.A.F. de Sade, *Idée sur les romans, op. cit.*, p. 30.
2. A. Hirschmann, *Passions privées et intérêts publics*, Paris, PUF, 1997, p. 48 *sq.*

instrument parmi d'autres dans les stratégies individuelles du bonheur. Si le mérite supposé de l'aristocratie désœuvrée n'est qu'un préjugé social sans fondement dans la qualité du caractère, le bonheur comme utilité mesurable se détache également de l'exercice des vertus enracinées dans le caractère.

Cette conception du bonheur tombe alors sous le critère de la *suffisance* : agir en vue du résultat externe, c'est viser un but exposé à des conséquences toujours imprévues. Elle tombe ensuite sous le critère de l'*excellence* : la nature externe comme objet d'exploitation ou la nature interne comme source des désirs immédiats ne peuvent pas inspirer à l'homme une attitude supérieure car noble *en elle-même*. Certes, la *rationalité instrumentale* prétend à une dignité incommensurable ; mais en même temps, elle nie cette dignité en refusant de hiérarchiser les désirs selon une *distinction forte* entre le noble et le bas. Contre cette cosmologie désenchantée et sous l'influence de Rousseau et des moralistes britanniques, le moment démocratique met les *sentiments exceptionnels* à la portée de tout le monde ; ils passent désormais pour aussi « naturels » que les désirs présociaux. Le conflit sera désormais entre la « nature intérieure », source de noblesse, et la société, source de corruption, trop prosaïque pour les belles âmes, lieu du bonheur impossible malgré les promesses du progrès – ou à cause d'elles.

> Le coup du pistolet de Werther sonne le glas des illusions de l'Europe qui va désormais, pendant tout le XIXe siècle traîner le boulet de cette société nouvelle qu'elle a créée, mais qui ne lui apporte pas le bonheur [1].

1. P. Barbéris, *Aux sources du réalisme : aristocrates et bourgeois*, Paris, 10/18, 1978, p. 360.

Une autre image de rationalité mise en avant par Kant affirmera l'autonomie de la volonté face à une nature mécaniquement déterminée, c'est-à-dire la capacité de l'homme de s'élever au-dessus de ses désirs « pathologiques » et de régler sa conduite selon des lois qu'il se donne lui-même. Mais le « bien suprême » n'est pas intrinsèque à l'exercice de la rationalité autonome, car son concept comprend encore la satisfaction des désirs naturels, dont la réalisation dépend de circonstances imprévisibles. Pour mériter le bonheur dans l'au-delà, il faut accomplir le devoir sans égard pour les conséquences ici-bas. La réaction appropriée aux circonstances de la vie humaine, si l'on veut atteindre la *suffisance*, doit faire abstraction de leur particularité ; elle doit faire également abstraction de l'ensemble des buts que l'homme peut avoir en vertu de sa place concrète dans le monde. Donc la suffisance est atteinte aux dépens de la *complétude* et de l'*excellence*, car la *hiérarchie* qu'elle établit entre la capacité rationnelle de la conduite morale et les « inclinations pathologiques » de l'homme s'avère contradictoire : si la raison fournit les règles d'une législation *universelle*, une action est appropriée en tant que réalisation d'un devoir *absolu* ; elle ne doit donc pas avoir de lien avec l'*être de l'agent*, qui est relégué du côté de sa constitution *empirique*. Or la hiérarchie des modes d'action implique la comparaison entre la manière dont un caractère admirable aurait réagi à telle situation et la réaction d'un caractère moins admirable. Contre la « sécheresse morale » du kantisme mais en retenant l'idéal d'autonomie, surgira la nostalgie romantique de la *totalité*, de l'expression parfaite du caractère dans son action – qui achoppe sur la division entre le monde réfractaire à l'idéal et l'intention subjective, entre nature et liberté.

Le romantisme recèle une nouvelle antinomie. Quand la bourgeoisie devient une classe dominante avec la Révolution française, il est impératif pour elle de se distinguer de la classe féodale, dont le libertinage baroque lui servait de repoussoir pour affirmer les tendances ascétiques qui constituaient son héritage spirituel, depuis sa version calviniste et puritaine jusqu'à la vertu républicaine de la Révolution. Cette tradition vient de la Réforme, qui est un « vaste mouvement démocratique » : elle transfère « l'acte de la Révélation dans toute âme humaine particulière et lui impose cette responsabilité de la foi dont autrefois l'Église avait la charge »[1]. La réponse de l'individu à ce défi est un excès d'*enthousiasme* avec lequel il doit accomplir une tâche « divine et cosmique » dans les événements de la vie quotidienne. Mais la tâche est ardue : il faut exalter *tous* les événements de la vie, même les plus insignifiants et les plus misérables. Jadis, cette exaltation était renforcée soit par une religion institutionnelle, soit par le recours aux Saintes Écritures. Mais ce recours devient problématique au siècle de l'industrialisation et du scepticisme scientifique. Par conséquent, l'individu ou bien recule devant une entreprise trop audacieuse, ou bien cherche des formes déjà en circulation pour consacrer et élever la vie ordinaire à l'absolu. Par exemple, « tout accouplement de hasard au cours de la vie quotidienne sera élevé jusqu'aux sphères étoilées […] et transmué en une union éternelle et irrévocable à la Tristan et Iseut »[2].

La recherche de l'absolu dans un siècle sans foi ranimera la vieille tradition de la *romance* et son concept de désir illimité. La « rhétorique profane » de la passion chantée par les troubadours donnera à ce désir le statut d'une nature qui s'oppose aux artifices sociaux. La conciliation est impossible ; mais si l'absolu ne peut pas s'incarner dans la vie ordinaire, c'est à l'art

1. H. Broch, « Remarques à propos de l'art tape-à-l'œil », *CLC*, p. 317.
2. *Ibid.*

de transformer les moments disparates de la vie en *fragments* d'une œuvre qui laissera transparaître la totalité dans son inachèvement même. L'idéal de *complétude* est différé ou relégué dans l'infini, dont la nostalgie s'exprime à travers une recherche jamais close des formes qu'elle défait aussitôt qu'elle achève. Le nouvel idéal ne se donne qu'en termes négatifs, comme une « inquiétude essentielle ». Selon le mot de Schlegel : « *notre manque est notre aspiration* ». Le héros romantique, « le ténébreux, le veuf, l'inconsolé », a pour vraie fin la quête de l'éternelle Absente qui se dérobe à travers toutes les créatures vivantes. À celles-ci, il réserve un attachement provisoire. La tension est insurmontable entre la forme qui vise à l'unité *idéale* et le contenu réel, qui est hétéroclite ; elle se cristallise dans le geste poétique de l'*ironie*, signe d'une duplicité où l'homme se dérobe à son existence mondaine pour chercher « ailleurs » la plénitude de sa vie et l'unité de son caractère.

Comment vivre alors en *cohérence* avec cette image d'un monde fragmenté ? Soit par un *renoncement radical* : si l'essentiel est que « votre volonté et les événements soient d'accord » et si la volonté a des fins qui ne peuvent pas se réaliser dans le monde, il est égal « qu'il arrive ce que vous voulez, ou que vous vouliez ce qui arrive »[1]. Les héros du renoncement trouveront le monde trop étroit pour l'ampleur de leurs fins et choisiront l'inaction. En revanche, les héros du roman d'éducation (*Bildungsroman*) dont le *Wilhelm Meister* de Gœthe forme le type parfait, se *concilieront* avec le monde, en se donnant pour devoirs les mêmes buts que la communauté historique. Une troisième voie explorera le sort des héros qui épousent les buts mondains et dont la *désillusion* est inévi-

---

1. B. Constant, *Cécile*, Paris, Le Livre de Poche, 1957, p. 166.

table, parce que leur pureté intérieure ne leur offre, au milieu de la corruption sociale, que deux issus possibles : la mort ou le compromis. La réponse du roman aux antinomies romantiques sera, au XIXᵉ siècle, une combinaison de ces trois possibilités dans la poétique *réaliste*, qui imaginera des personnages d'exception aux prises avec la médiocrité générale.

Le roman réaliste

La cosmologie du roman réaliste est issue de la dissolution du mythe optimiste du XVIIIᵉ siècle, « où la bourgeoisie est censée faire toujours figure de guide du progrès, de représentante et de championne de la nation dans son ensemble »[1]. Mais, puisque les intérêts représentés sont en fait les intérêts de classe, étroits et égoïstes, une telle « extension » ne peut s'accomplir qu'au moyen d'une « duplicité inévitable », culminant sous le règne de Louis-Philippe. Les énergies éveillées par la Révolution et le Premier Empire sont anéanties quand les pionniers qui ont vécu en conformité avec les idéaux de la Révolution cèdent la place aux profiteurs et aux spéculateurs de la Restauration et de la Monarchie de Juillet. Napoléon incarnait l'idéologie de la promotion sociale. La Restauration fait apparaître la vraie nature de cette idéologie : un mythe social. « Préparée par Napoléon, la Restauration interdit les Bonaparte »[2]. Prendre *au mot* ce qui faisait la grandeur d'antan produit le philistinisme du présent. Défiantes à l'égard des mots usés et trompeurs, les « âmes d'élite » cherchent à renouer avec un langage « adamique » en instaurant une communion par la « sensibilité ». Mais que sont ces grandes âmes ? La dégradation du mythe napoléonien laisse apparaître l'étroitesse du

1. G. Lukács, *Roman historique*, 1965, Paris, Payot, 1965, p. 269.
2. M. Zeraffa, *Roman et société*, *op. cit.*, p. 129.

monde devant la *générosité* du héros, qui ne se monnaie pas en réussites mondaines bien qu'elle ne puisse s'en passer. À propos de l'affaire Lafargue qui lui a inspiré *Le Rouge et le Noir*, Stendhal remarque que l'absence de fortune des jeunes gens de la petite bourgeoisie les «oblige au travail» et les «met en but avec les vrais besoins»; ainsi soustraits aux conventions «imposées par la bonne compagnie, à ses manières de voir et de sentir qui étiolent la vie, ils conservent la force de vouloir parce qu'ils sentent avec force»[1]. Derrière leur ambition mondaine se trouve la volonté de déployer une énergie qui ne voit entre elle et les actions les plus héroïques «que le manque d'occasion». Tous les rangs sont occupés par ceux qui ont «pris la peine d'être nés» dans les bonnes familles, selon la phrase récurrente de *Lucien Leuwen*; ne trouvant alors pas d'équivalent social, la grandeur des personnages exceptionnels ne sera pas visible dans leur réussite mondaine, mais dans la conscience de n'avoir pas «tort de se sentir déplacés en bas».

Si la société frustre la vraie grandeur, c'est qu'elle forme un «tout», un organisme: les éléments inadaptés sont perdus pour elle. Les êtres d'exception constituent précisément de telles anomalies: la grandeur de leurs passions fait qu'ils ne réagissent pas adéquatement aux circonstances de leur vie et n'accomplissent pas les actions nécessaires à leur *survie*. Ils veulent déployer toute leur énergie sur le théâtre de la société, dont les rouages inexorables finissent toujours par broyer leur générosité. Comment, dès lors, expliquer l'apparition de ces caractères exceptionnels? Il faut partir, dit Balzac, d'une théorie générale des *types sociaux*:

---

1. A. Caraccio, *Stendhal*, Paris, Hatier, 1970, p. 159.

> La Société ne fait-elle pas de l'homme, suivant les milieux où
> son action se déploie, autant d'hommes différents qu'il y a
> de variétés en zoologie ? Les différences entre un soldat, un
> ouvrier, un administrateur, un avocat, un oisif, un savant, un
> homme d'État, un commerçant, un marin, un poète, un pauvre,
> un prêtre, sont, quoique plus difficiles à saisir, aussi consi-
> dérables que celles qui distinguent le loup, le lion, l'âne, le
> corbeau, le requin, le veau marin, la brebis, etc. Il a donc existé,
> il existera donc de tout temps des Espèces Sociales comme il
> y a des Espèces Zoologiques, en dépit de notre théorie sur
> l'égalité [1].

Si le type correspondait simplement à l'espèce animale, il
ne serait qu'un cas prévisible dans une théorie plus générale de
la physiologie des « humeurs ». – Mais il y a une différence
entre la Société et la Nature : c'est que les modes de vie *varient*
historiquement, vu que le « milieu humain » n'est que la « représentation matérielle » de la pensée humaine à un moment
donné :

> L'animal a peu de mobilier, il n'a ni arts ni sciences ; tandis que
> l'homme, par une loi qui est à rechercher, tend à représenter ses
> mœurs, sa pensée et sa vie dans tout ce qu'il approprie à ses
> besoins […] les habitudes de chaque animal sont, à nos yeux du
> moins, constamment semblables en tout temps ; tandis que les
> habitudes, les vêtements, les paroles, les demeures d'un prince,
> d'un banquier, d'un artiste, d'un bourgeois, d'un prêtre et d'un
> pauvre sont entièrement dissemblables et changent au gré des
> civilisations [2].

Puisque c'est l'histoire qui engendre l'« infinie variété de
la nature humaine », il faut aller chercher la description des

---

1. H. de Balzac, « Avant-propos à la *Comédie humaine* », dans *Écrits sur le
roman*, Paris, Le Livre de poche, 2000, p. 281.
    2. *Ibid.*, p. 283.

êtres humains « dans les entrailles de leur siècle ». L'héroïsme, le sacrifice, la fermeté, toutes les grandes vertus prennent un sens différent selon le moment historique où elles se manifestent. Si Walter Scott a saisi le lien vital entre le milieu historique et le « vécu » du personnage, Balzac prétend appliquer ce principe de *contemporanéité* au présent, en devenant le « secrétaire » de la Société française. Mais le projet de *La Comédie humaine* ne se borne pas à dresser « l'inventaire des vices et des vertus » ; il cherche « le *sens caché* dans cet immense assemblage de figures, de passions et d'événements », en organisant la totalité de ces données selon trois niveaux : celui des *effets sociaux*, peints dans les *Études des mœurs* ; celui des *causes*, saisies dans les *Études philosophiques* ; celui enfin des *principes*, formulés dans les *Études analytiques*. La construction du *type* articule les trois niveaux, non pas en subsumant les traits psychologiques sous une catégorie sociale connue, mais en explorant la *possibilité*, pour ces traits, de coexister au sein d'une unité *vécue*. Prenons la notion de célibat, dans le *Curé de Tours*, présentée comme la « cause physiologique de l'imbécilité ». Selon l'adage balzacien, il faut *individualiser* l'idée afin de *former* le type, en combinant, physionomie, gestes, milieu et décor autour d'un concept primitif ; leur assemblage doit produire le portrait humain d'une classe sociale particulière. En même temps, « tout le cœur humain se remue sous leur enveloppe » en y reconnaissant un *idéal*, une fusion exemplaire de l'universel et du concret dans un surplus de *vitalité*[1]. Ainsi Balzac écrit :

> J'ai conservé César Birotteau pendant six ans à l'état d'ébauche, en désespérant de pouvoir jamais intéresser qui que ce soit à la figure d'un boutiquier assez bête, assez médiocre,

---

1. H. de Balzac, « Avant-propos à la *Comédie humaine* », *op. cit.*, p. 285.

dont les infortunes sont vulgaires, symbolisant ce dont nous nous moquons beaucoup, le *petit commerce parisien* [...]. Dans un jour de bonheur, je me suis dit : il faut le transfigurer, en en faisant l'image de la probité [...]. Et il m'a paru possible [1].

La construction du type est le procédé réaliste de l'analyse romanesque : le « type est ce qui fait comprendre, bien plus que ce qui est compris [...]. On voit le monde réel à travers Balzac, on se met à trouver partout des personnages balzaciens » [2]. Sa fonction heuristique réside dans le fait que l'unité vécue qui le constitue n'est envisageable que dans un moment historique concret – d'où la différence entre le *type* et le *caractère* des moralistes. Comparons deux types de commerçants : Birotteau et Crevel.

La vanité de Birotteau se contenait encore dans les bornes de sa profession ; on peut même dire qu'elle s'y complaisait ; il était heureux d'être quelqu'un « dans la parfumerie » [...] il s'inclinait même avec une sorte de fierté, devant les « supériorités sociales », et, jusque dans la fortune, il avait le sentiment de ce qui lui manquait. Mais précisément, c'est ce qui manque à Crevel, le sentiment de quelque chose qui lui manquerait, ou que quelque chose pourrait lui manquer ! Et devant quelles « supériorités » sociales ce bourgeois s'inclinerait-il, s'ils sont devenus, lui et ses pairs, depuis 1830, et en trois jours, toutes les supériorités sociales ? [3].

D'un type de commerçant à l'autre, il y a toute la transformation des « espèces sociales » qui conduit de la Restauration à la Monarchie de Juillet.

---

1. H. de Balzac, *Lettre à Hippolyte Castille*, 11 octobre 1846, cité par Ph. Berhault, *Balzac*, Paris, Boivin et Cie, 1967, p. 38.
2. J. Pouillon, *Temps et roman*, Paris, Gallimard, 1946, p. 94.
3. F. Brunetière, *Honoré de Balzac*, Londres, Enelson, 1905, p. 108.

Pour être suivie, cette transformation exige la « représentation *totale* de la vie », au-delà des distinctions traditionnelles des sujets et des styles requises par les classiques pour rendre le « perfectionnement de la vie civile », ou par les romantiques pour rendre la « réalisation de la beauté ». Brunetière qualifie de « démocratique » le roman balzacien, dans la mesure où c'est le premier à peindre dans toute son ampleur le mouvement social où « aucune ambition n'est interdite à personne »[1]. Mais le moteur de ce mouvement n'est pas tant l'« instinct égalitaire » – ennemi de la hiérarchie sociale – que l'instabilité intrinsèque de celle-ci, fondée sur la plasticité propre aux « espèces sociales » : « il semble plus facile de faire, avec un ouvrier, un soldat et même un maréchal de France […] qu'un lion avec un âne ou qu'un loup avec un veau marin ». Car les espèces sociales se distinguent des espèces zoologiques en ceci qu'elles contiennent des facteurs de trouble, notamment la femme : « Quand Buffon peignait le lion, il achevait la lionne en quelques phrases ; tandis que dans la Société la femme ne se trouve pas toujours être la femelle du mâle ». La « variabilité spontanée », dans le règne humain, est une affaire de ménage : « La femme d'un marchand est quelquefois digne d'être celle d'un prince, et souvent celle d'un prince ne vaut pas celle d'un artiste ». Il en résulte une disproportion entre les aspirations du type et les contraintes de son milieu et, partant, une « transfusion sociale des espèces » : « l'épicier devient certainement pair de France, et le noble descend parfois au dernier rang social »[2]. Birotteau a beau vouloir agir selon le principe qu'il faut « toujours faire ce qu'on doit relativement à la position où l'on se trouve », il se lance dans des spéculations désastreuses pour

1. F. Brunetière, *Honoré de Balzac*, *op. cit.*, p. 209.

2. H. de Balzac, « Avant-propos à la *Comédie humaine* », *op. cit.*, p. 282.

voir sa fille Césarine « heureuse comme une reine, enfin la
femme d'un notaire de Paris » à qui manquent quatre cents mille
francs pour s'acheter une étude[1]. Tout personnage vraiment
romanesque a l'ambition de « se marier au-dessus de sa condition »[2] ; chez Balzac les émois du cœur sont vécus comme des
mobiles pour redistribuer les honneurs, l'argent et le pouvoir.

Le « jeu occulte de la mécanique sociale »[3] qui décide la
place que chaque personnage peut occuper dans la hiérarchie
du pouvoir et du bonheur est mis à nu par les scénarios des
interactions possibles entre caractères dissemblables. Car les
types

> ne sont pas des phénomènes isolés, ni spontanés, qui contien-
> draient en eux les causes de leur développement, mais ces
> existences sont liées, ou plutôt enchaînées à d'autres exis-
> tences, et de telle sorte que les modifications qu'elles éprou-
> vent, si légères soient-elles, ont des répercussions à l'infini
> […]. Parce qu'il fallait cent mille francs au baron Hulot pour
> meubler madame Marneffe, des centaines de pauvres diables
> de soldats sont morts en Algérie d'inanition et de désespoir[4].

Dans la représentation totale de la vie sociale, aucun de nos
actes n'est indifférent ou insignifiant. Tout acte peut avoir des
conséquences inimaginables et illimitées quand il s'insère
dans un mécanisme causal qui déborde les desseins immédiats
des acteurs eux-mêmes. En revanche, l'observateur doué de
l'intelligence de l'ensemble, ne « voit que les résultats » de ces
desseins. Seul le romancier peut relier les qualités psycho-

---

1. H. de Balzac, *Grandeur et décadence de César Birotteau*, Paris, Nilsson,
1920, p. 6, 10 (dorénavant cité *CB*).

2. M. Robert, *Roman des origines et origines du roman*, *op. cit.*, p. 37.

3. H. de Balzac, « Avant-propos à la Comédie humaine », *op. cit.*, p. 276.

4. F. Brunetière, *Honoré de Balzac*, *op. cit.*, p. 263.

logiques et leur évolution possible dans des circonstances déli-
mitées par les mécanismes sociaux. Ce lien est intrinsèque, car
la mécanique sociale est mise en branle par ce que le personnage a de plus intime – et la rigueur de l'enchaînement est
proportionnel à la force de la personnalité. La perfection du
personnage *dans son genre* entraîne sa propre perte et rend
inévitable le retournement de la situation. Cette nécessité se
déploie dans une *intrigue* qui pose d'abord les qualités en jeu
pour calculer ensuite leur résistance à l'épreuve du réel :

> Malgré les apparences, le marchant était trembleur, tandis que
> sa femme avait en réalité de la patience et du courage. Ainsi un
> homme pusillanime, médiocre, sans instruction, sans idées,
> sans connaissances, sans caractère, et qui ne devait point réussir
> sur la place la plus glissante du monde, arriva, par son esprit
> de conduite, par le sentiment du juste, par la bonté d'une âme
> vraiment chrétienne, par amour pour la seule femme qu'il eût
> possédée, à passer pour un homme remarquable, courageux et
> plein de résolution (*CB*, p. 39).

Mais « les accidents commerciaux que surmontent les têtes
fortes deviennent d'irréparables catastrophes pour les petites
esprits » (*CB*, p. 20). Un exemple d'accident de ce genre
pourrait être la haine mortelle que lui voue son ex-commis,
Du Tillet. Birotteau pardonne généreusement un larcin à son
employé : « Du Tillet ne soutint pas le regard de cet homme, et
lui voua sans doute en ce moment cette haine sans trêve que les
anges des ténèbres ont conçue contre les anges de lumière »
(*CB*, p. 45). Ce qui alimente une telle exécration, c'est la vertu
même du parfumeur, qui devient écrasante par son excès : Du
Tillet imagine alors « d'abattre cette vertu, de la fouler aux
pieds, de rendre méprisable sur la place de Paris l'homme
vertueux et honorable par lequel il avait été pris la main dans
le sac » (*CB*, p. 204). L'action exprime la combinaison des

qualités psychologiques et des vertus de l'agent; mais dans l'enchaînement des faits, cette combinaison s'avère incapable d'atteindre les biens désirés. Toujours est-il que le malheur *grandit* le personnage : le destin du parfumeur inspire au lecteur « une immense idée des chutes humaines » (*CB*, p. 281). On est face à l'instance d'un tragique *méconnu* parce que cette grandeur n'est pas celle qu'on célèbre ordinairement sur les champs de bataille ou dans les palais. Le roman redresse les torts et « diffuse la poésie partout où il se dépense une énergie exceptionnelle, même dans les intérêts privés, autrefois qualifiés de prosaïques » [1] : « Puisse cette histoire être le poème des vicissitudes bourgeoises auxquelles nulle voix n'a songé, tant elles semblent dénuées de grandeur, tandis qu'elles sont au même titre immenses » (*CB*, p. 50).

La liquidation du romantisme

Dans le roman chevaleresque, le personnage accède à un rang qu'il ne doit pas à sa naissance soit par l'amour, soit par sa vaillance. Dans le scénario réaliste, une telle carrière suppose en outre la maîtrise pratique des rouages de la société. Le héros veut réussir, mais son manque d'habileté l'en empêche. Son ignorance du monde reste pourtant le corollaire d'une grandeur insoupçonnée aux yeux du monde. Avec Flaubert, le scénario réaliste connaît une mutation décisive. La certitude du héros de posséder un vocabulaire intime et une vertu incommensurable aux biens mondains s'avère illusoire; la « noblesse intérieure » s'exprime dans un langage aussi conventionnel que le langage public, miroir de la pusillanimité du Second Empire. Le moteur de l'histoire, c'est l'affairisme et l'ambition

1. V. Descombes, *Proust*, *op. cit.*, p. 174, 183.

cynique du philistin, et c'est celui qui rêve aussi d'une vie plus élevée, plus haute que l'intendance triviale ou les calculs sordides. Obligé par les lois du profit de faire disparaître la valeur intrinsèque des choses, il rêve néanmoins à tout ce qui échappe à leur emprise. L'amour n'est plus prétexte à un réel changement d'état, mais un transport éthéré. Ce mélange de médiocrité et de grandeur, Flaubert en fait le thème de *Madame Bovary* : si ce roman a quelque valeur, déclare-t-il, ce « sera d'avoir su marcher droit sur un cheveu, suspendu entre le double abîme du lyrisme et du vulgaire » qu'il s'agit désormais de « fondre dans une analyse narrative » [1].

Jusque-là, l'amour avait conservé le prestige de la légende et la passion se révoltait contre sa « normalisation bourgeoise » en épousant les formes du désir infini propagées par le romantisme. L'« analyse narrative » de Flaubert montre comment l'« usage privé » de ces formes symboliques les détourne de leur but affiché sans que les motivations « privées » puissent pour autant se passer de références aux significations publiques ainsi *corrompues*. Emma habille son rêve de tout un vocabulaire romantique ; ces mots informent sa « perspective subjective », la manière dont elle se voit et décrit le monde. Sa grandeur se mesure « à la dimension de son désir », au fantasme d'échapper à la médiocrité de son existence. Bien que taillée dans une étoffe commune, le personnage s'élève par l'intensité de son désir. Mais les objets sur lesquels cristallise ce désir s'avèrent finalement indignes et dérisoires, de sorte que son infinitude, il la doit en réalité à l'échec de toutes ses cristallisations palpables. La quête de l'infini n'est plus qu'une errance à la poursuite d'une fausse grandeur. Les

---

1. G. Flaubert, *Lettre à Louise Colet*, 20 février 1852, dans *Correspondance*, Paris, Gallimard, 1980, t. II.

amants d'Emma commencent par éveiller l'espoir d'une vie riche et brillante dont l'emblème serait le bal du château de Vaubyessard, image mythique du bonheur qui confond « les sensualités du luxe avec les joies du cœur, l'élégance des habitudes avec les délicatesses du sentiment ». Mais cette représentation du bonheur sous des formes convenues, les seules que lui procure son imagination, s'avère irréalisable. Dans l'adultère, la jeune femme retrouve toutes les platitudes du mariage. Son échec résulte de l'incongruité entre l'idéal et la réalité qui s'y oppose sous les traits du froid séducteur et de l'usurier, qui incarnent tous deux l'indifférence de la nature et de la société : Emma se laisse dans les deux cas abuser par les paroles rituelles d'habiles stratèges. – Mais le choc ne se produit pas seulement entre l'idéal élevé et les rouages d'une réalité implacable, comme chez Balzac ; il survient aussi entre l'idéal et le *caractère* du personnage, incapable d'imaginer des fins plus appropriées à son idéal. Ce n'est pas le déshonneur qui pousse Emma au suicide :

> elle ne se tue pas pour une histoire d'amour, mais pour une affaire d'argent ; elle n'est pas châtiée comme adultère, mais comme maîtresse de maison désordonnée. [...] Pour une bourgeoise fille de paysan, la substance et le poids de la vie seront faits naturellement d'une certaine argenterie vulgaire [1].

La liquidation du romantisme se poursuit dans *L'Éducation sentimentale*, qui achève de déplacer le clivage entre l'idéal et le monde vers le décalage entre intention et action. Or ce décalage s'explique par une défaillance au sein même de l'idéal : son contenu est le bonheur. Mais en quoi consiste-t-il ? En *tout*. Les jeunes gens d'une « génération

---

1. A. Thibaudet, *Gustave Flaubert*, Paris, Gallimard, 1982, p. 105.

perdue » sont hantés par des rêves que la société bourgeoise a fait naître en eux, mais qu'elle entrave aussitôt. La réussite à laquelle ils aspirent est faite de toutes les vanités mondaines : femmes, places, honneurs, gloire, argent, dont ils se sentent privés malgré l'excellence de leur âme. Mais la façon dont ils considèrent que tous ces biens doivent leur être rendus passe par l'excellence de leur âme et non par l'efficacité de leur action. Cette dernière doit composer avec le monde jugé médiocre parce que mesuré à une excellence *qui ne s'est jamais réellement mesurée à lui*. Ainsi, tout ce que l'action peut leur procurer est jugé d'emblée inférieur à leurs aspirations. Comme Emma, Frédéric rêve de la pureté symbolisée par sa passion pour Mme Arnoux, par définition irréalisable. L'obstacle n'est pas le monde extérieur mais une timidité qui diffère toujours la satisfaction du désir : « Il était empêché d'ailleurs par une sorte de crainte religieuse. Cette robe, se confondant avec les ténèbres, lui paraissait démesurée, infinie, insoulevable ; et précisément à cause de cela son désir redoublait »[1]. Incapable de vivre ce qui justifierait son existence, il se tourne vers l'amour mondain de Mme Dambreuse grâce auquel il entre « définitivement dans le monde supérieur des adultères parisiennes et des hautes intrigues »[2]. Certes, la noblesse de son rêve l'oppose à sa maîtresse qui chérit le pouvoir « d'un tel amour qu'elle aurait payé pour se vendre », ou à Deslauriers, qui devient révolutionnaire par arrivisme, dans le but de prendre de force une place que la société bourgeoise refusait jusqu'alors à sa pauvreté.

Frédéric s'avère incapable d'ordonner ses buts. Il reste partagé entre son adoration de la femme immaculée et son

---

1. G. Flaubert, *L'Éducation sentimentale*, Paris, Garnier, 1964, p. 199.
2. *Ibid.*, p. 367.

désir pour la femme commune. Privé de génie créateur, il reste en deçà de la gloire. Il fera fondre sa fortune héritée dans des spéculations oiseuses. Ému par les événements de 1848, il est hésite à traduire cette émotion en action politique. Voulant tout indistinctement, il se contente pour finir de ce qui lui tombe entre les mains. Pour agir, il faut prendre ses rêves au sérieux ; or le héros sent que cela est interdit par la même instance qui lui a permis de rêver. La conscience de cette contradiction s'implante à l'intérieur de sa perspective subjective et le paralyse. Sur les barricades de 1848, Frédéric Moreau aurait pu rencontrer un autre homme approchant la quarantaine, un certain Dmitri Roudine. Il est enthousiaste et ne laisse rien filtrer auprès de ses camarades du manque de résolution qui a scellé autrefois son destin : après avoir séduit une jeune aristocrate russe, il préfère l'abandonner lâchement plutôt que de se voir refuser sa main par la famille. Le Roudine de Tourgueniev appartient à une longue série de héros de la « faiblesse de la volonté » inaugurée par le « héros de notre temps » de Lermontov, et dont Oblomov de Gontcharov deviendra bientôt l'exemple le plus célèbre. Comme le Piotr de *Guerre et Paix*, tous deux sont à la recherche de buts nobles pour justifier leur existence et lui donner un sens ; or ce sens est toujours débordé par ce qu'ils vivent concrètement, comme le Prince Andrei par la bataille de Moscou. On n'en est plus ici au simple refus de l'idéal par le réel, on se trouve face à une *inadéquation interne* à l'idéal : la *qualité* des buts proposés n'est pas à même de transformer l'existence des personnages.

LE MOMENT RADICAL

Poussée à son extrême, la diffusion « démocratique » de l'idéal promeut « n'importe qui au rang du héros roma-

nesque », mais au risque d'« exténuer » la grandeur héroïque
par « voie de banalisation »[1]. Là où passe le réalisme, disait
Sartre, rien ne repousse. Est-ce à dire que l'« abolition des
grandeurs traditionnelles » frappe la grandeur tout court ? Qui
dit « grandeur traditionnelle » dit hiérarchie. Dans le langage
aristotélicien, la hiérarchie signale l'excellence d'un mode de
vie au détriment des autres, au nom de son accord à une différence inscrite dans la nature de l'homme et du monde. Pendant
le moment « extra mondain » du roman, le monde de l'aventure se trouve ainsi plus digne de représentation que le monde
quotidien. La tendance « démocratique » du roman débouche
sur la dissociation de la « beauté » et du « statut cosmolo-
gique » des sujets : « il n'y a pas en littérature de beaux sujets
d'art, Yvetot vaut Constantinople »[2]. Mais la distinction hiérarchique ressurgit *ailleurs*. Dans l'épopée renversée qu'est
Guerre et Paix, le paysan russe vaut Bonaparte, dont l'histoire
déjoue les desseins pour couronner Koutouzov, qui a su renoncer à la maîtrise du réel. Le roman prend acte de cette attitude
avant la victoire, quand rien n'est encore joué. Il montre que sa
grandeur réside dans la confiance humble que le personnage
« mondio-historique » porte à un plus grand acteur, mais ano-
nyme : le peuple russe. La diffusion démocratique de l'idéal ne
signale pas sa disparition mais son émigration vers des lieux
inattendus – ce qui fait croire à son *éclipse*.

L'absence de l'idéal devient le crédo du naturalisme ;
celui-ci n'accepte comme sujet que la « vie ordinaire » mais

---

1. J.-Cl. Pinson, « Le régime de l'art moderne à l'épreuve des temps
démocratiques », dans *Vincent Descombes. Questions disputées*, C. Michon et
B. Gnassounou (dir.), Nantes, Éditions Cécile Defaut, 2007, p. 320.

2. G. Flaubert, *Lettre à Louise Colet*, 21 mai 1853, dans *Correspondance*,
op. cit.

il élimine sa prétention à une supériorité morale. *Toute* perspective humaine est déterminée causalement :

> l'homme ne peut être séparé de son milieu, il est complété par son vêtement, par sa maison, par sa ville, par sa province… dès lors, nous ne noterons pas un seul phénomène de son cerveau ou de son cœur, sans en chercher les causes ou le contre-coup dans le milieu [1].

Pour voir l'homme tel qu'il est, et non plus comme une « abstraction psychologique » ou un type hors du commun, il faut faire l'étude exacte de son milieu et de la correspondance entre les « états du monde extérieur » et les « états intérieurs des personnages ». Pour ce faire, on doit procéder à une modification expérimentale du réel, afin d'en dégager des lois générales du comportement :

> montrer des faits : voilà comment tel personnage a dû arriver à tel acte. De la comparaison des faits, on finit par faire des lois. Le personnage, dépouillé de sa vertu héroïque de modèle, se plie aux lois de la nature que par son entremise l'auteur découvre et vérifie [2].

La passion dispose d'un mécanisme qu'il faut « démonter et remonter » [3]; le travail du romancier réside dans cette reconstruction. Contrairement à ses confrères « idéalistes » et romantiques, l'écrivain moderne, le « moraliste expérimentateur » (*RE*, p. 31), opère « sur les caractères et les passions, sur les faits humains et sociaux, comme le chimiste et le physicien

---

1. É. Zola, *Du roman. Sur Stendhal, Flaubert et les Goncourt*, Paris, Éditions Complexe, 1989, p. 60.

2. *Ibid.*, p. 55.

3. E. Zola, *Le Roman expérimental*, Paris, Éditions du Sandre, 2003, p. 19 (dorénavant cité *RE*).

opèrent sur les corps bruts » (*RE*, p. 24) afin de « provoquer de nouvelles observations » et d'isoler ainsi « la cause qui détermine l'apparition des phénomènes » (*RE*, p. 11). Il prend les faits dans la nature puis agit sur eux en modifiant « les circonstances et les milieux » (*RE*, p. 16) pour étudier le « rapport nécessaire entre les actes et leur cause », c'est-à-dire les « mobiles qui font agir » les hommes. Ainsi le romancier place le personnage dans « tel milieu et dans telles circonstances » afin de « savoir ce que telle passion, agissant [...] produira au point de vue de l'individu et de la société » (*RE*, p. 17). La redescription « axiologiquement neutre » de la conduite permet alors de faire la découverte suivante : si le personnage, guidé par sa passion, croit à la cohérence des valeurs motivant ses actes, ce n'est pas, en réalité, cette unité des vertus qui détermine le cours de sa vie, mais les lois objectives du milieu, dont l'influence se déploie tout au long du récit[1]. L'aspiration du personnage à une vie morale *au-dessus* de son milieu est une chimère. Gervaise, dans l'*Assommoir*, voit se briser un à un tous ses rêves de pureté face à l'incompréhension de son milieu et aux limites objectives de son existence matérielle. Mais ce qu'on retient à la fin de la lecture, ce n'est pas tant l'irréalité de son idéal que l'*injustice* de son sort. L'idéal est excellent mais ne suffit pas : une vie humaine complète et conséquente exigerait la transformation radicale du milieu. Cette nouvelle synthèse des qualités et des possibilités humaines s'appelle le *progrès*.

Mais là encore, la foi dans le progrès ne survit pas à la génération positiviste qui s'abandonne à la description de vies fragmentées où l'on ne peut « connecter rien à rien ». La décadence fin de siècle succède à l'utopie progressiste. Le déve-

---

1. Ph. Hamon, *Texte et Idéologie*, Paris, PUF, 1984, p. 193.

loppement de la culture est censé amoindrir la force primitive de l'humanité qu'il faut raviver en forgeant des mythes nouveaux. Mais qui parlera ce nouveau langage adamique ? Pour les dissidents du naturalisme, le rêve de la grandeur perdue des personnages se réfugiera dans l'œuvre littéraire elle-même valorisée en tant que totalité esthétique, au-delà de la signification immédiate de ses épisodes et de l'agencement des faits. La génération qui s'est sentie à l'étroit dans l'univers naturaliste partage avec Zola la vision théorique du réel comme donnée empirique dépourvue de signification, et par conséquent dénonce le réalisme comme incapable de représenter la grandeur : « Le principe du réalisme, c'est ceci : se faire l'âme de tout le monde pour voir ce que voit tout le monde » [1]. Pour faire voir l'« autre rive », le roman doit se transformer en autre chose qu'une « petite histoire » : il doit aller suivre la véritable aventure là où elle se passe, non plus dans l'intrigue visible des événements extérieurs, mais dans les profondeurs de la vie psychique.

Le naturalisme aura fouillé tous les milieux, pour découvrir que la grandeur est partout recherchée et partout bafouée. Mais si le clivage entre l'adhésion subjective à l'idéal et le démenti social est aussi profond, on peut considérer que le fait d'être aussi éloigné des conventions et des contraintes du milieu est le propre de *toute* perspective subjective. Au lieu de répertorier les différentes manières dont la réalité résiste aveuglément à l'idéal, le roman « moderniste » se propose de retrouver un authentique langage intérieur en deçà de l'organisation logique et discursive de la rhétorique traditionnelle. La tradition du « monologue intérieur » a l'ambition d'explo-

---

1. A. Fournier, *Lettre à J. Rivière*, 2 avril 1907, dans *Jacques Rivière-Alain Fournier, Correspondance 1904-1914*, Paris, Gallimard, 1991, t. I.

rer le *présent vécu* en aval des *faits accomplis*. D'où le renver-
scment de la notion d'analyse narrative : il ne s'agit plus de
traduire des termes psychologiques en comportements obser-
vables, mais de transposer les événements dans l'ordre de la
conscience. Il s'agit de faire une psychologie de la complexité
« contre les notions simples qu'ont les gens […] qui disent : un
militaire, un industriel, un homme du monde, un journaliste
[…] et à qui cela suffit »[1]. Il faut saisir l'homme en deçà du rôle
qui impose un « masque social aux mouvements psychiques
divers ». Mais si la vie du personnage se divise ainsi en une
existence « extérieure et insignifiante » et le « pays profond
d'une âme vivante », pourquoi appeler « roman » ce qui semble
relever de la poésie lyrique en prose ? La raison en est que les
écrivains, même au plus fort de la « crise du roman », sont inti-
mement convaincus qu'insérer les émotions dans la structure
événementielle d'une intrigue reste la seule manière d'exposer
directement les émotions du personnage au lecteur, de les lui
faire éprouver en racontant les événements qui les ont *fait
naître* au lieu de simplement les *nommer*. Car la recherche
directe d'un langage « adamique » conduit à l'antinomie entre
impression et expression : soucieux de rendre l'impression
intime, comment un écrivain peut-il être sûr que les concepts
employés par la conscience elle-même pour décrire ses
émotions ne sont pas déjà en circulation.

Si le monologue intérieur ne peut, à lui seul, restituer la
« vérité ressentie », c'est parce que le discours intérieur *immédiat* peut être aussi mensonger que les discours publics[2]. Mais
ce qui est « réellement vécu » peut transparaître à travers les

---

1. V. Larbaud, *Amants, heureux amants*, Paris, Gallimard, 1923, 1951,
p. 149.

2. D. Cohn, *La Transparence intérieure* (1978), Paris, Seuil, 1981.

déguisements de la mauvaise foi qui forment la trame de la
« conscience ». Certes, il y une couche de la vie psychique
colonisée par l'habitude – dont la mémoire volontaire chez
Proust, est le « triste émissaire » –, est habitée par l'insigni-
fiance : « Démocrate consciencieuse, elle ne fait aucune distinction entre les *Pensées* de Pascal et une publicité pour une
savonnette ». Mais une autre couche de la conscience revêt une
grandeur insoupçonnée :

> La mémoire involontaire, elle, est explosive : [...] elle fait
> abstraction de l'utile, de l'opportun, de l'accidentel, car sa
> flamme a consumé l'habitude et tous ses mécanismes, et sa
> lumière a révélé ce que la fausse réalité de l'expérience ne peut
> et ne pourra jamais révéler : le réel [1].

L'« écriture » est la matrice de nouvelles grandeurs issues
de la transfiguration de la vie « banale » en histoire exceptionnelle parce que justement présentée comme *vécue*, c'est-à-dire
comme une aventure *unique* : non en tant qu'elle rapporte les
« impressions » aux « données immédiates de la conscience »,
mais en tant qu'elle réduit leur « incommensurabilité » à des
événements singuliers constitutifs de l'histoire du personnage : pour comprendre le jugement de valeur de Marcel sur la
duchesse de Guermantes – « Quelle buse ! » –, il ne faut pas le
rapporter à un « épisode mental » isolé, mais l'intégrer « dans
une histoire qui explique sa satisfaction à pouvoir prendre le
dessus après avoir été si longtemps écrasé par la duchesse
prestigieuse » [2]. Bien plus qu'en une attitude épistémologique
intenable, l'« impressionnisme » romanesque consiste donc en

1. S. Beckett, *Proust*, Paris, Minuit, 1990, p. 43.
2. V. Descombes, *Proust, op. cit.*, p. 255.

un renversement des valeurs qui place celles de la perspective subjective au-dessus de celles attachées au milieu.

Le réalisme moral

Un renversement comparable des valeurs s'observe dans la tradition romanesque du « réalisme moral », pour reprendre les termes de Lionel Trilling, et dont le berceau est la littérature anglaise. Son ambition est de montrer les dangers *immanents* à la vie morale : non seulement le vice qui dissimule la vertu, mais aussi le vice qui *découle* de la vertu. Certes, la tradition augustinienne avait déjà pratiqué la critique des vertus, pour trouver, derrière nos impulsions bonnes, un désir d'agrandissement de soi. Il s'agissait alors d'opposer les vertus chrétiennes aux vertus mondaines. Et les épiphanies d'une vertu inattendue aux yeux du monde annoncent des mélanges imprévus de vice et de vertu. Ainsi Balzac évoque les « horreurs crapuleuses » qui « ne seraient pas conçues par les sauvages, [car] leur stagnation morale les en empêcherait ». La Pauline de George Sand prononce cette phrase terrible : « je serai vengée par l'éclat de ma vertu »[1]. La tradition réaliste se poursuit jusqu'à ce qu'on a appelé le « roman d'analyse », qui met en relief les ruses par lesquelles le héros s'agrandit en sublimant les objets de son désir.

Le clivage entre le langage de la « vertu » et celui du « monde » se transmue, dans le roman victorien, en tension entre l'identité personnelle et le rôle social[2]. Déjà chez Jane Austin, le caractère est la force de rester fidèle à soi et résister, grâce à la vertu de la *constance*, aux buts imposés par les

---

1. G. Sand, *Pauline*, Paris, Calmann Lévy, 1891, p. 211.
2. M. Despland, *Romans victoriens et apprentissage du discernement moral*, Sainte-Foy (Québec), Presses Universitaires de Laval, 2006, p. 11.

usages sociaux. Conscients du fait que la vie, toujours vécue sérieusement, devient prétexte à comédie lorsqu'elle est appréhendée du dehors, les Victoriens cherchent la transformation du regard extérieur sur les personnages au moyen de la *sympathie*. Ainsi, chez Dickens, tout personnage vit sa vie comme une bataille entre certitudes et doutes moraux – bataille d'autant plus féroce que c'est la *sienne* –; le lecteur est invité à participer à cette lutte, en épousant le regard adopté par le romancier : dans *David Copperfield*, « tous les caractères paraissent un peu plus grands que ce qu'ils sont en réalité, parce que David les rehausse par son regard »[1]. L'« optimisme démocratique » de l'auteur réhabilite les caractères les plus humbles, comme Toots, en faisant de leurs déficiences des « vertus violentes ». Inversement, les manquements moraux les plus inaperçus peuvent tourner en vices importants : ce risque frappe surtout l'existence régie par les *vertus* conventionnelles. Parce qu'il observe scrupuleusement les vertus admises, Skimpole devient un monstre d'égoïsme[2]. L'impérialisme des « passions morales » peut être plus grand encore que celui des passions qui visent innocemment le plaisir égoïste : « un paradoxe de notre nature nous conduit, dès que nous faisons d'autrui l'objet de notre intérêt éclairé, à en faire l'objet de notre pitié, et de notre sagesse, et finalement de notre coercition »[3]. De *Persuasion* de Jane Austen à l'*Égoïste* de Meredith, la cible de la critique est l'idéal aristocratique du *gentleman*. Officiellement, ce dernier est tolérant, accueillant, poli avec tout le monde, imperturbable. Selon le mot du cardinal

---

1. G.K. Chesterton, *Charles Dickens* (1906), Londres, Methhuen & Co, 1949, p. 141.

2. *Ibid.*, p. 185.

3. L. Trilling, « Manners, morals and the novel », dans *The Liberal Imagination*, New York, The Viking Press, 1950, p. 220.

Newton, « il ne fait jamais de peine » à personne. Sous les airs de supériorité qu'elle se donne, Dickens peint les faiblesses intérieures de la classe oisive, dont les langueurs et les futiles caprices choquent au plus haut point la nouvelle société bourgeoise, fondée sur l'industrie. Dans *Henry Esmond*, Thackeray montre que ces bonnes manières aristocratiques n'empêchent pas des pratiques sociales d'exclusion, aussi discrètes qu'efficaces.

Dans *Tess d'Urberville* de Hardy, le destin des personnages principaux ne peut pas être éclairé par les codes moraux qui se trouvent déjà en circulation. Quand sa famille paysanne se découvre une lointaine origine noble, Tess est envoyée, à des fins matrimoniales, chez celui qui est censé être son parent, Alec d'Urberville, qui abusera d'elle. Après la mort de son enfant, éprouvée et désabusée, Tess travaille dans une ferme où elle rencontre Angel, fils de pasteur, qui y fait l'apprentissage de l'agriculture, après avoir rejeté la foi naïve de son père et renoncé aux études de théologie. Tess se demande si elle doit accepter l'amour d'Angel dont elle se juge indigne. La « sagesse des nations », dans la bouche des personnages secondaires comme des autres fermiers ou de sa mère qui jugent qu'« en amour tout est de bonne guerre »[1], ne suffit pas à lui ôter ses scrupules. Elle refuse ses avances, ce qui paraît à Angel de la « simple pudeur de jeune fille » (*T*, p. 236). Alors il adopte une stratégie : « Sans jamais aller plus loin que les paroles, il lui fit une cour obstinée, à mi-voix, en accents aussi doux que le murmure du lait jaillissant […]. Jamais petite laitière n'avait été aussi courtisée et par un homme comme lui » (*T*, p. 236). Tess finit donc pas céder à celui qui « semble si

---

1. Th. Hardy, *Tess de Urberville*, trad. fr. M. Roland, Paris, Le Livre de Poche, 1939, p. 234 (dorénavant cité *T*).

bien l'aimer, la chérir, et la défendre toujours et contre tout,
malgré changements, accusations, révélations » (*T*, p. 237).
Cet amour écrasant et idéalisant lui rend impossible l'aveu de
sa « faute » ; mais quand, après le mariage, Angel confesse une
faute équivalente, elle qui est prête à tout pardonner se croit
également pardonnable. Mais aux yeux d'Angel, si des actions
pareilles ne révèlent que la virilité d'un homme, pour une
femme il en va autrement. Et plus il avait idéalisé Tess, plus
la déception d'Angel est grande : « Oh ! Tess, le pardon ne
s'applique pas à votre cas. Vous étiez une personne ; maintenant vous en êtes une autre » (*T*, p. 296). Ce rigorisme qui rend
le pardon *impossible* découle certes de son amour idéalisant et
éthéré, mais aussi de son « idéalisme dominateur » qui avait
substitué à la naïve religion de son père pasteur un ensemble de
principes *universels*. Il est incapable de voir que la faute de
Tess n'a pas pour cause le défaut de son caractère, mais au
contraire la noblesse d'une « nature instinctivement raffinée »,
guidée par l'exigence la plus stricte d'être *conséquente* avec ce
qu'elle a vécu. La force de caractère de Tess l'invite à ne pas
considérer les événements de sa vie comme de simples « inci-
dents passagers » (*T*, p. 250) mais à en extraire un sens qui doit
guider sa conduite future. Si sensible à la majesté des sentiments qu'Angel affiche quand il la courtise, au moment où elle
aurait pu avouer sa faute, elle faiblit, car « elle avait peur qu'il
ne lui reprochât de ne l'avoir pas averti plus tôt » (*T*, p. 245).
Son impossibilité d'agir autrement ne découle pas d'un principe abstrait mais d'une fidélité aux événements concrets,
c'est-à-dire d'une *sensibilité morale*. Elle essaie de lier son
passé honteux et la promesse de bonheur qu'Angel lui offre
selon des schémas reçus (le pragmatisme ambiant, la religion,
etc.), mais aucun ne rend justice à la teneur vécue de ces
moments. Elle les rattache donc d'une manière qui, pour être
comprise, nécessite le récit *complet* de *cette* vie singulière. Or

il appartient justement au roman de reconstruire la vie comme un *tout vécu*, en montrant qu'à chaque moment de la vie d'une personne, la conscience de ce qu'elle a vécu jusque-là lui impose des *devoirs* incompréhensibles pour qui ne connaît pas son histoire. L'analyse romanesque insère les états vécus dans un réseau d'actes et d'événements pour mettre en relief la façon dont le sens de ces actes se réfracte dans le medium de la vie « intérieure » – c'est-à-dire, de la cohésion normative incommensurable de la totalité de ses moments.

La nouvelle cosmologie diffusée par la science post-darwinienne dans la deuxième moitié du siècle fera apparaître la destinée humaine comme aussi insignifiante que le jeu du hasard. Le monde est un enchaînement de séries causales dépourvu de finalité. Le roman russe avait déjà exploité son impact dramatique, depuis la dramatisation du « nihilisme » scientifique dans *Pères et Fils* de Tourgueniev, jusqu'à ses conclusions politiques chez Dostoïevski. Le héros du peuple bulgare dans *La Veille* de Tourgueniev – autre rejeton des événements de 1848 – apparaît, *aux yeux désabusés de l'artiste*, comme un mélange adultère d' « honnêteté, de magnanimité et de courage », de « sens de l'importance de soi », d' « obstination stupide et d'étroitesse d'esprit ». Certes, ces « démons de la négation » sont souvent rattrapés par l'amour, comme Raskolnikov ou le narrateur du *Souterrain*. Mais dans le roman victorien, la conscience lucide du déterminisme qui sape les fondements conscients de la vie morale donne lieu à la quête d'une dignité supérieure et positive, car c'est l'occasion pour l'homme de façonner sa vie de manière *autonome*. Vivre de manière responsable, c'est, pour l'homme, se donner des devoirs qui valent en vertu de l'ensemble des faits significatifs de sa vie d'agent dont la vision dégage une force *normative* – et non d'une quelconque délibération en vue d'une « législation universelle ». La grandeur du caractère consiste à attendre de soi des choses qu'on ne demande pas aux autres.

Dans les romans de Henry James, l'imagination morale saisit la conscience comme l'unité vécue de tout ce qui arrive dans l'espace d'une vie. L'analyse des événements vécus passe par la reconstruction de la perspective subjective :

> [L]e rôle essentiel du romancier est de reproduire la vie, et il ne peut le faire qu'au moyen des impressions directes, devant refléter le courant de la conscience au moment où il s'inscrit sous le choc de l'expérience […]. Dans sa plus vaste définition, un roman est une impression directe et personnelle de la vie : là réside avant tout sa valeur, qui sera grande ou petite suivant l'intensité de l'impression [1].

Doctrine « impressionniste » qui professe l'ouverture inconditionnelle au monde de l'expérience, contre la censure des conventions littéraires :

> L'ensemble innombrable des particules d'une vie fait l'objet du roman, et il est absolument certain qu'aucun dogme déclarant légitime de toucher à celle-ci et illégitime de toucher à celle-là ne tiendrait debout une seule seconde […]. On frise la puérilité en disant que certains actes sont intrinsèquement beaucoup plus importants que d'autres.

Tous participent en effet à la « vie », dont le mouvement repose sur « l'aptitude à recevoir des impressions directes » [2] et « sans préarrangement ». Cette aptitude est le propre de la Fiction.

Le lecteur s'installe immédiatement dans la perspective des personnages ; car vue de l'extérieur, la conduite est filtrée

1. H. James, *L'Art de la fiction*, Paris, Kliencksieck, 1969, p. 22.
2. *Ibid.*, p. 32.

par les « compromis et les substituts ». Les tournants décisifs de l'action, tels l'explication qui a lieu entre Strether et son protégé dans *Les Ambassadeurs*, correspondent aux moments où les protagonistes arrivent à se défaire des valeurs « du monde » qui les empêchent d'être fidèles à la véritable intensité de leurs impressions. Ils doivent choisir entre la fidélité à soi ou l'assise dans le monde. Les personnages secondaires témoignent invariablement de l'esprit de la possession, ils sont intégrés dans ce monde et ne demandent jamais l'impossible. Leur vie est prisonnière de rapports sociaux bloqués par cela même qui les rends mobiles et complexes : l'argent, l'avoir. Les personnages principaux, eux, sont conscients de cette contradiction. Pour y échapper, ils abandonnent le langage mesquin et artificiel du milieu. Dès lors, leur place dans le monde devient précaire et le bonheur leur est interdit. Ce n'est pas le dénouement d'une intrigue mais l'« expansion de la conscience » conformément aux impressions reçues qui conduit à la « thérapie du désir ». Mais le sens des événements ne se résorbe pas dans leur perception *immédiate*. Car si la conscience recouvrait parfaitement la perspective subjective, si celle-ci était transparente à elle-même, elle la *corromprait* : elle redeviendrait une manière de figer les impressions, d'atténuer leur intensité, de restaurer le monde des conventions.

Dans le roman réaliste et naturaliste, les perspectives subjectives s'articulaient déjà autour d'une valeur essentielle qui restait toutefois cachée aux yeux des personnages. Il y suffisait de s'en remettre au narrateur omniscient pour obtenir la clé de tous les comportements : la volonté de puissance chez Balzac, les lois physiologiques chez Zola. Dès que l'on abandonne cette vue panoramique, on doit renoncer à l'idée de principe *unique* d'explication des conflits et entrer dans la dynamique interne de chaque idéal pour que les rapports du personnage et du monde deviennent intelligibles. À présent, l'ironie du réalisme moral ne consiste plus seulement à souligner le décalage entre l'idéal visé et le monde qui ne lui offre aucune prise, comme dans les moments extramondain et démocratique. Elle montre bien plutôt la distance entre l'ensemble des idéaux qui informent la perspective subjective du personnage et la manière dont ces mêmes idéaux sont trahis par leur propre dynamique à partir du moment où ils se figent dans une cohérence *interne*. Dans *Princesse Casamassima*, la conduite révolutionnaire est analysée comme un mélange d'abnégation et de manipulation subtile d'autrui. Mais il ne s'agit pas de duplicité au sens d'hypocrisie : c'est une nécessité inhérente à la grandeur d'un «homme hors du commun» tel que Muniment; elle conduit à un exercice aussi illégitime du pouvoir que celui dont les abus sont censés être abolis.

Le roman polyphonique

Explorer ainsi la vie des idéaux installe le roman dans son moment *radical*. Si l'idéal de la perfection humaine n'est pas dicté par la législation d'une raison universelle ni par une finalité théologique ou naturelle, il y a toujours l'option augustinienne – ou nietzschéenne – qui permet de le considérer comme une «fiction pratique», un moyen d'agrandissement de soi propre à conjurer le devenir et la contingence. La morale victorienne, est une tentative de synthèse entre un idéal utilitaire et un idéal humaniste. Ainsi on doit s'identifier à son rôle, parce que le progrès économique et technique est affiché comme synonyme d'une perfection morale qui marque la limite entre la civilisation occidentale et la barbarie des «primitifs». Mais dans *Au Cœur des ténèbres* de Joseph Conrad, une barbarie insoupçonnée perce à travers cette supériorité. Dès que l'homme européen sort du climat protecteur de ses propres institutions, son «ambition civilisatrice», posée comme une valeur universelle, se révèle être la sublimation d'énergies primitives, d'un « énorme appétit indifférencié ». La contradiction entre les justifications affichées et la conduite réelle montre que la dichotomie sauvage/civilisé ne se situe pas à l'endroit que l'on croyait. Le personnage de Kurtz ne fait pas seulement voler en éclats la synthèse du progrès moral et technique. Il anticipe la synthèse ultérieure entre l'individualisme économique et l'individualisme romantique ; dans sa personne sont réunis l'artiste symboliste, le politique radical, l'homme d'affaires et de cœur…

Le narrateur, Marlow, raconte l'histoire de Kurtz à des *gentlemen*, auxquels il s'adressera de nouveau pour parler d'un autre expatrié, Jim, décrit comme l'« un des nôtres » ; son destin peut aussi bien éveiller la pitié que la crainte, car la faille que l'histoire révèle dans son caractère pourrait aussi bien se découvrir « en nous ». Jim cherche la grandeur en dehors des rangs du groupe, dans un sens de l'honneur qui lui assigne des exploits uniques dans leur genre (l'une des versions du roman était sous-titrée « romance »). Mais plus il essaie de nier sa ressemblance avec les autres hommes, plus la narration dément sa tentative. Car il accomplit ces exploits dans un monde imaginaire et dédaigne les devoirs prosaïques du code des marins. Son caractère se forme non à travers l'apprentissage de ce qui est requis dans des circonstances réelles, mais à travers l'idée d'une grandeur velléitaire. La beauté de ses intentions lui apparaît comme la garantie suffisante qu'il saura les mettre en œuvre au bon moment. Mais le jour où se produit une crise bien réelle, son bateau heurtant un corps mystérieux, sa tendance à toujours agrandir les circonstances en imagination lui fait surestimer le danger au point qu'il s'en trouve paralysé par la peur.

Jim ne mesure sa propre chute morale qu'à l'aune de son rêve manqué de grandeur, qu'il est le seul à percevoir. Il estime n'avoir de comptes à rendre qu'à lui-même ; personne d'autre ne saurait mesurer la grandeur de sa perte, puisqu'elle n'a d'égal que la perte de sa grandeur secrète. Le sens des événements n'est plus que « fiction ». Mais le roman montre que les termes dans lesquels le personnage décrit les événements ne suffisent pas à sauver « du feu ce que son identité morale devait être ». Jim décrit sa chute non comme une infraction à des devoirs ordinaires, mais comme l'« occasion manquée » de prouver sa vaillance. La description d'une action dépend de la manière dont celle-ci est rattachée au caractère. Et ce lien ne peut pas rester subjectif. Jim a beau croire que la qualité de son caractère n'est pas exprimable dans les termes du discours moral ambiant, il aura besoin d'un témoin *impartial* pour valider ses descriptions. L'analyse romanesque entreprend cette validation en insérant ces dernières dans un récit qui tantôt les confirmera, tantôt les contredira, en *permettant au caractère de se déployer au-delà de cette action singulière*. Cette analyse montre que la cohérence dont dépend toute perspective subjective ne peut pas être une cohérence *interne*. En tant qu'il n'est que l'ombre imaginaire d'un code public intégré dans la sphère des rêves privés, l'idéal est alors *inévitablement* promis à l'échec.

Car ni le vocabulaire « privé » ni le vocabulaire « public » ne décrivent adéquatement la crise morale. L'impasse se retrouve dans *Nostromo*, roman hanté par l'idée que « quelque chose d'inhérent aux nécessités de l'action réussie […] porte la dégradation morale de l'idée »[1]. Au début du roman, le héros a une stature épique ; il est qualifié d'« incorruptible » et jouit de la confiance unanime de ses concitoyens auprès

---

1. Vidiadhar Surajpasad Naipaul, cité par I. Watt dans préface à J. Conrad, *Nostromo*, Cambridge, Cambridge UP, 1988, p. 90.

desquels il joue le rôle de protecteur de la communauté. Mais au cours du récit, le destin de la communauté s'avère être un écran de fumée derrière lequel les autres acteurs du drame dissimulent la poursuite de leurs buts privés. Tous évoquent le bien commun mais chacun le met au service de son agrandissement personnel. Sous le voile des justifications obvies des exploits mis au service de la cause commune, se terre le mobile secret de la vanité. Nostromo pense devoir être le sauveur de la communauté menacée par une armée rebelle qui convoite l'argent de la mine de Costaguana, avant de découvrir qu'il sert avant tout les buts de puissants manipulateurs. Il trahit à son tour la cause et la confiance communes et accapare le trésor qu'il était censé protéger de la rapacité de l'ennemi. Le terme « incorruptible », utilisé à la fin du roman dans un style indirect libre, désigne cette fois l'homme habile qui a su se jouer de ceux qui croyaient l'avoir manipulé et rester fidèle à sa grandeur propre. Sauf qu'au départ, ce rêve d'agrandissement de soi était inséparable du rôle de protecteur de la communauté. L'emploi conscient du terme « incorruptible » appauvrit du même coup radicalement le sens virginal qu'il avait *dans la perspective subjective* du héros. L'analyse romanesque souligne le fait que la « cohérence interne » ou formelle d'un vocabulaire moral ne suffit pas à immuniser le personnage contre la *mutation subreptice* du sens des termes qui le construisent.

La fidélité à l'idéal et donc à soi-même exige plus que l'*étanchéité* des termes employés. La corruption morale est le résultat d'un mauvais mélange ou « alliage défectueux » des qualités. *Nostromo* joint le courage et l'efficacité à la vanité : or cette combinaison ne résiste pas à l'épreuve. Non seulement parce que la distance entre l'intention et l'action puis entre l'action et ses résultats est infranchissable, comme dans le moment démocratique du roman, mais encore parce que c'est précisément l'inadéquation du vocabulaire moral dont on dispose qui conduit à l'inaction ou au détournement de l'idéal. Comme les moralistes, les romanciers classiques «corrige[aient] immédiatement la conscience que le personnage a de lui-même»[1]. Dans le *tragique moderne*, l'obstacle à la norme ne se trouve ni dans la méchanceté du monde extérieur, ni dans la disproportion entre grandeur et statut, mais dans une faille de l'imagination morale qui empêche le héros de caractériser adéquatement une situation concrète.

L'analyse romanesque moderne montre que les perspectives subjectives *en appellent* à des instances correctrices qui ne sont pas données d'avance par un système religieux ou une raison universelle transcendant et synthétisant tous les «systèmes partiels de valeurs». Face au défi de cette situation spirituelle – qu'on peut définir comme la «modernité occidentale» –, la tâche du roman peut se résumer ainsi : «Tout le problème est : vivre sans systématique, mais cependant avec ordre»[2]. Nous en trouvons la conscience dans l'œuvre de Broch. Ce dernier considère en effet qu'en l'absence de cadre transcendant, l'Occident s'est engagé, depuis le «schisme protestant», dans un processus de «désagrégation des valeurs» en «systèmes toujours plus petits, dont chacun, en particulier, redevenu autonome, se présente en revendiquant une valabilité exclusive et un caractère absolu»[3]. Au «but axiologique transcendant et indéfinissable» se substitue le but immédiat de chaque pratique, c'est-à-dire la production de résultats visibles, «esthétiques». Du coup «l'exigence éthique infinie

---

1. J. Pouillon, *Temps et roman*, op. cit., p. 132.

2. Robert Musil, cité par J. Bouveresse dans *La Voie de l'âme et les chemins de l'esprit*, Paris, Seuil, 2001, p. 102.

3. H. Broch, «Remarques à propos de l'art tape-à-l'œil», *CLC*, p. 342.

est rabaissée au rang de recette de cuisine »[1]. L'enfermement dans la logique de l'*effet* entraîne aussitôt l'implosion de la pratique et de son esprit :

> Le commerçant idéal [...] ne doit pas penser au résultat : l'enrichissement, mais diriger son commerce, son industrie, son métier selon les lois et les techniques de la correction commerciale. Son résultat esthétique [...] c'est la richesse. Quant au commerçant qui ne pense qu'au résultat, il est éthiquement répréhensible [...] il est flétri du nom de l'accapareur, de profiteur[2].

L'apothéose de l'autonomie de chaque pratique aboutit à une logique *démentielle*, puisque sans égards pour les *conséquences générales* de l'activité qui en résulte. De même que la « logique militaire » peut aller jusqu'à la destruction aveugle afin d'être conséquente avec l'esprit de la guerre totale, toute activité humaine peut virer au délire :

> Il appartient à la logique du potentat de l'économie [...] d'aider son propre instrument économique à accéder à la domination exclusive, qu'il s'agisse d'un commerce, d'une usine, d'un trust ou de tout autre organisme économique. [...] Il appartient à la logique du révolutionnaire de pousser en avant l'élan révolutionnaire [...] jusqu'à ce qu'on ait décrété qu'il s'agit d'une révolution en soi [...][3].

L'irrationalité est d'ordre *pratique* : l'invalidité des raisonnements effectués à l'intérieur de chaque perspective est due à des prémisses non pas fausses ou incohérentes mais *incomplètes* face à la totalité des biens *réellement* en cause

1. H. Broch, « Le mal dans les valeurs de l'art », *CLC*, p. 220.
2. *Ibid.*, *CLC*, p. 223.
3. H. Broch, *Les Somnambules*, trad. fr. A. Kohn, Paris, Gallimard, 1990, p. 493 (dorénavant cité *S*).

dans chaque situation concrète[1]. Ainsi la synthèse ne saurait se
faire en vertu d'une unité des biens valable pour toute personne
et pour toute situation mais par un moyen qui *reconnaît*
d'abord l'inadéquation ou la partialité comme constitutive de
la perspective subjective. Ce moyen est la *pratique* romanesque dont l'esprit propre consiste, selon Broch, à « dépeindre
tel qu'il est un morceau du monde extérieur ou intérieur ».
Chaque fois que le roman cède à la « logique de l'effet », il
décrit le monde « tel qu'on le désire ou redoute qu'il soit »,
c'est-à-dire selon des goûts qui ne sont pas informés par la
pratique romanesque, mais qui appartiennent aux « tendances
étrangères à la littérature »[2]. Cependant, « dépeindre le monde
tel qu'il est » ne signifie pas être indifférent aux tendances
extralittéraires ; la raison en est que chacune d'elles en appelle
à la littérature pour lui déposer l'esprit qui l'anime, lequel est
forcément de nature chimérique et fantomatique, puisqu'il est
le seul bouclier contre l'« angoisse de la mort » et de la contingence : « tout système de valeurs exige que la littérature se
substitue à lui pour vivre jusqu'à son terme et pour exprimer
ses rêveries illicites ». Par conséquent, « on ne peut pas inter-
dire à l'écrivain de peindre des socialistes, des patriotes, des
gens de sport, des âmes religieuses »[3]. Mais comme aucune
des visions partielles du monde « n'est capable d'atteindre à
cet absolu largement compréhensif dont l'homme a besoin
pour calmer son angoisse », il faut tenter « sans cesse d'unifier
ces visions partielles en une vision totale et universelle du

---

1. V. Descombes, « Le raisonnement de l'ours », dans *Le Raisonnement de
l'ours, op. cit.*, p. 118.
2. H. Broch, « La vision du monde donnée par le roman », *CLC*, p. 225.
3. *Ibid.*, p. 226.

monde afin de pousser ainsi une pointe vers la totalité vraie, vers l'éveil du rêve »[1].

La vocation démocratique du roman lui impose d'admettre dans sa représentation du monde n'importe quel « système de valeurs ». Il peut donc devenir le « miroir de toutes les autres visions du monde », dans la mesure où elles sont pour lui « des vocables de réalités exactement au même titre que tout autre vocable du monde extérieur » et s'insèrent dans l'unité de « sa propre syntaxe littéraire ». Cette syntaxe est celle du « rêve » de la vie intérieure débordant les résultats visibles et finis de l'activité consciente. Elle est donc à même de saisir l'« infini de la volonté éthique », c'est-à-dire de surprendre la manière dont toutes les pratiques humaines aspirent « à l'infini éthique au-delà des réalisations finies et esthétiques »[2]. Le roman met en relief la *genèse* des valeurs dans une *vie intérieure* où elles entretiennent un rapport radicalement différent de celui de leur dénigrement réciproque quand elles s'affrontent en tant que systèmes achevés et publics. Mikhaïl Baktine a appelé « poly-phonie » la capacité du roman d'épouser les différentes pers-pectives partielles tout en les *juxtaposant* les unes aux autres. Broch suggère que cette juxtaposition se fait en aval de leur confrontation publique, dans la « simultanéité » de l'intention et de l'effet, de l'action « jugée positivement éthique », donc « bonne » et de son « résultat positivement esthétique » ou « beau », lesquels sont forcément séparés dans le temps public. Comment cela se fait-il ? Les « systèmes de valeurs de la poli-tique, de la stratégie, du commerce, obéissent tous à certaines prescriptions syntactiques » qui appliquent à la réalité des

---

1. H. Broch, « La vision du monde donnée par le roman », *CLC*, p. 240.
2. *Ibid.*, p. 241.

descriptions rivales[1]. Le romancier saisit la nécessité « subjective » de ces descriptions ; mais il conserve la « liberté créatrice » de *remanier* la syntaxe de tous les systèmes de valeurs, afin de montrer que leur rivalité n'est pas là où le personnage se l'imagine ou, inversement, qu'elle surgit là où le personnage croit voir de l'harmonie. Déplacer les lignes de l'incompatibilité ou de la complémentarité des idéaux, c'est les réévaluer en fonction des critères de suffisance et d'excellence, de sorte à redéfinir le contenu *possible* d'une vie complète, quand les contenus en circulation se trouvent dans une impasse. Dans ce qui suit, je voudrais montrer que ce remaniement de toutes les valeurs en vue d'une harmonisation *inédite* s'opère selon la règle immanente de vraisemblance.

1. H. Broch, « Remarques à propos de l'art tape-à-l'œil », *CLC*, p. 338.

TEXTES ET COMMENTAIRE

TEXTE 1

GEORG LUKÁCS
« Illusions perdues »[*]

[Dans *Illusions perdues*, Balzac] créé des personnages
dans lesquels, d'une part, les tensions intérieures du sujet (qui
est la capitalisation de la littérature) s'expriment sous forme de
passion humaine, d'effort individuel : David Séchard invente
une nouvelle façon de produire du papier à bon marché et est
dupé par des capitalistes, tandis que Lucien porte sur le marché
du capitalisme parisien la poésie la plus subtile. D'autre part
apparaît de manière humaine et plastique dans l'opposition
des deux caractères le contraste extrême dans les *réactions
possibles* face à la capitalisation et à toutes ses horreurs. David
Séchard est un stoïcien puritain, tandis que Lucien incarne
parfaitement la recherche hypersensible de la jouissance,
l'épicurisme raffiné, sans consistance, de la génération
d'après la Révolution. [...] L'évocation des problèmes maté-

---

[*] G. Lukács, « Illusions perdues » (1935), dans *Balzac et le réalisme
français*, trad. fr. P. Laveau, Paris, Maspero, 1973, p. 52-58 (dorénavant cité
BRF).

riels se fait toujours [...] en étroite liaison organique avec les
conséquences des passions individuelles de ses héros.

[...] Balzac ne fait jamais de morale à propos de ses héros,
il montre la dialectique objective de leur ascension ou de leur
déchéance et motive toujours les deux par la totalité des caractères en interaction avec la totalité des conditions objectives, et
non par l'estimation isolée de « bonnes » ou de « mauvaises »
qualités. Rastignac, personnage qui parvient à s'imposer, n'est
pas plus immoral que Lucien, mais un autre mélange d'apti-
tudes et de démoralisation lui permet de profiter habilement de
la même qualité qui entraîne l'échec extérieur et intérieur de
Lucien, malgré son machiavélisme naïvement immoral.

[...] Ainsi, le principe qui assure finalement la cohérence
de ce roman est le processus social lui-même. La marche en
avant et la victoire du capitalisme forment l'action véritable.
Le naufrage individuel de Lucien devient d'autant plus vrai
que ce naufrage est le destin typique du poète pur, du talent
poétique authentique dans le capitalisme florissant. Toutefois la composition n'est pas ici non plus strictement objective ; il ne s'agit pas d'un roman de l'« objet », d'une
« tranche » de la société [...]. Ses personnages ne sont jamais
de simples « figures » exprimant certains côtés de la réalité
sociale qu'il veut dépeindre. L'ensemble des déterminations
sociales s'exprime de façon inégale, compliquée, confuse,
contradictoire dans le dédale des passions personnelles et des
événements fortuits. La détermination des personnes et des
situations particulières résulte chaque fois de l'ensemble des
forces socialement déterminantes, ne se fait jamais de manière
simple et directe. Ainsi, ce roman si profondément général est
en même temps et de façon indissoluble le roman d'un seul
homme particulier.

[…] Mais cette individualité dispense toujours la lumière de ce qui est socialement typique, socialement général, que l'on ne peut cependant détacher de l'individualité en question que d'une façon abstraite, par une analyse ultérieure. Dans l'œuvre, elles sont liées […] comme le caractère de Lucien et la capitalisation de la littérature.

[…] les hasards grossièrement agencés, à peine fondés, dans la catastrophe de Roméo et Juliette ne semblent pas fortuits. Pourquoi? […] parce que la nécessité, qui abolit ce hasard, réside dans l'enchevêtrement et la réunion de tout un système de séries causales, parce que seule la nécessité de toute la direction d'évolution engendre la véritable nécessité poétique. L'amour de Roméo et Juliette doit se terminer tragiquement, et seule cette nécessité abolit le caractère fortuit de toutes les occasions qui provoquent directement les diverses étapes de cette évolution. Savoir si ces occasions – prises isolément – sont motivées, et dans quelle mesure, est une question secondaire. Une occasion n'est pas moins fortuite qu'une autre, et le poète a droit de choisir la plus efficace littérairement parmi ces prétextes tout autant ou tout aussi peu fortuits. […] Donc, Lucien doit faire naufrage à Paris.

TEXTE 2

Gérard Genette
« Vraisemblance et motivation » *

[L]e *possible* de chaque instant est soumis à un certain nombre de restrictions combinatoires très comparables à celles qu'impose la correction syntaxique et sémantique d'une phrase : le récit aussi a ses critères de « grammaticalité » qui font par exemple qu'après l'énoncé : *La marquise demanda sa voiture et...* on attendra plutôt : *sortit pour faire une promenade* que : *se mit au lit.* Mais il est sans doute de plus saine méthode de considérer d'abord le récit comme totalement libre, puis d'enregistrer ses diverses déterminations comme autant de restrictions accumulées que de postuler au départ une « détermination unique et imitatrice du réel ». Ensuite, il faut admettre que ce qui apparaît au lecteur comme autant de déterminations mécaniques n'a pas été produit comme tel par le narrateur. Ayant écrit : *La marquise, désespérée...,* il n'est sans doute pas aussi libre d'enchaîner sur : *... commanda une bouteille de champagne* que sur : *prit un pistolet et se fit sauter*

* G. Genette, « Vraisemblance et motivation », dans *Figures II*, Paris, Seuil, 1969, p. 93-97 (dorénavant cité *VM*).

la cervelle ; mais en réalité les choses ne se passent pas ainsi : en écrivant *La marquise...*, l'auteur sait déjà s'il terminera la scène sur une bombance ou sur un suicide, et c'est donc en fonction de la fin qu'il choisit le milieu. Contrairement à ce que suggère le point de vue du lecteur, ce n'est donc pas *désespérée* qui détermine le pistolet, mais bien le pistolet qui détermine *désespérée*. [...] M. de Clèves ne meurt pas *parce que* son gentilhomme se conduit comme un sot, mais le gentil-homme se conduit comme un sot pour que M. de Clèves meure, ou encore, comme le dit Valincourt, parce que l'auteur veut faire mourir M. de Clèves et que cette finalité du récit de fiction est l'*ultima ratio* de chacun de ses éléments : « un tel blâme un auteur d'avoir fait mourir un héros de trop bonne heure, qui ne peut pas deviner les raisons qu'il en a eues *à quoi cette mort devait servir dans la suite* de son histoire ». Ces déterminations rétrogrades constituent précisément ce que nous appelons l'arbitraire du récit, c'est-à-dire non pas vraiment l'indétermination, mais la détermination des moyens par les fins, et [...] des *causes par les effets*. C'est cette logique paradoxale de la fiction qui oblige à définir tout élément, toute unité du récit par son caractère fonctionnel, c'est-à-dire entre autres par sa corrélation avec une autre unité, et à rendre compte de la première (dans l'ordre de la temporalité narra-tive) par la seconde, et ainsi de suite – d'où il découle que la dernière est celle qui commande toutes les autres, et que rien ne commande : lieu essentiel de l'arbitraire, du moins dans l'immanence du récit lui-même, car il est ensuite loisible de lui chercher ailleurs toutes les déterminations psychologiques, historiques, esthétiques, etc. que l'on voudra.

[...] On nomme donc ici arbitraire du récit sa fonction-nalité, ce qui peut à bon droit sembler une appellation mal choisie ; sa raison d'être est de connoter un certain parallélisme

entre le récit et la langue. [...] Le signe linguistique est arbitraire dans ce sens aussi qu'il n'est justifié que par sa fonction,
et l'on sait que la motivation du signe, et particulièrement du
« mot » est, dans la conscience linguistique un cas typique
d'illusion réaliste. Or le terme de motivation (*motivacija*) a été
heureusement introduit (comme celui de fonction) dans la
théorie littéraire moderne par les formalistes russes pour dési-
gner la manière dont la fonctionnalité des éléments du récit se
dissimule sous un masque de détermination causale : ainsi, le
« contenu » peut n'être qu'une motivation, c'est-à-dire une
justification *a posteriori*, de la forme qui, en fait, le détermine :
Don Quichotte est donné comme érudit pour justifier l'intru-
sion de passages critiques dans le roman, le héros byronien est
déchiré pour justifier le caractère fragmentaire de la composition des poèmes de Byron, etc. La motivation est donc l'apparence et l'alibi causaliste que se donne la détermination finaliste qui est la règle de la fiction. [variable : elle est à son
maximum dans le roman réaliste à la fin du XIXe siècle. À des
époques plus anciennes (Antiquité, Moyen Âge par exemple)
un état plus fruste ou plus aristocratique du récit ne cherche
guère à déguiser ses fonctions] : le *parce que* chargé de faire
oublier le *pour quoi ?* et donc de naturaliser, ou de réaliser
(au sens de : faire passer pour réelle) la fiction en dissimulant
ce qu'elle a de concerté [...] c'est-à-dire d'artificiel : bref,
de fictif. Le renversement de détermination qui transforme le
rapport (artificiel) de moyen à fin en un rapport (naturel) de
cause à effet est l'instrument même de cette réalisation,
évidemment nécessaire pour la consommation courante, qui
exige que la fiction soit prise dans une illusion, même
imparfaite et à demi jouée, de la réalité.

COMMENTAIRE

LA FICTION ET LA VRAISEMBLANCE

Savoir ce qu'est un roman, c'est pouvoir le distinguer de ce qui *n'est pas* un roman, et du même coup reconnaître ce qu'est un *bon* roman. Un essai ne traite pas les concepts par leur mise en intrigue ; un roman peut aller plus loin qu'un autre dans cette voie. On peut admirer le traitement théorique du rapport entre la rationalité scientifique et l'irrationalité politique dans *L'Homme sans qualités* de Musil, mais pour jouir d'une *intelligence romanesque* de ce rapport, il nous faut plus que voir les personnages devenir les porte-parole de chaque concept ; il faut que le rapport conceptuel soit mis à l'épreuve dans une interaction possible entre les personnages, grâce à laquelle nous prenons acte des aspects du rapport conceptuel qu'un traitement *a priori* ne saurait dévoiler. Si le critère de l'intelligence théorique est la cohérence logique, le critère de l'intelligence narrative, depuis la *Poétique* d'Aristote, a reçu le nom de *vraisemblance*. La fiction ne vise ni la vérité générale qui est du domaine de la science, ni la vérité particulière qui relève l'historiographie. L'« imitation » de la nature est une source de connaissance distincte puisque c'est un acte créateur et non pas reproducteur : par « nature » Aristote entend l'activité configuratrice de toute matière et non pas le résultat obtenu. L'étude de ce qui a eu lieu appartient à l'historien; le poète évoque quant à lui ce qui *pourrait* avoir lieu. Mais le concept de possible ne recouvre pas celui de vraisemblable; celui-ci est issu de la conjugaison du concept de possibilité avec celui de persuasion: dans la pratique de la fiction, il faut préférer une «impossibilité convaincante» à une «possibilité qui ne convainc pas»[1].

Dès le début de la réflexion théorique sur le roman, l'attention se porte sur l'espèce de possibilité qui le différencie des autres genres narratifs. Si les fables sont des «fictions de choses qui n'ont point été et qui n'ont pu être», les romans sont des «fictions des choses qui ont pu être»[2]. D'autre part, l'histoire «est du roman qui a été; le roman est de l'histoire qui aurait pu être», tout en relatant des «événements qui pouvaient ne pas arriver»[3]. La fable exprime des schémas primordiaux et intemporels de la vie humaine; le roman explore la possibilité d'idéaux qui se mesurent à la contingence historique et la dépassent. Ainsi «le roman n'examine pas la réalité mais l'existence»; non pas «ce qui s'est passé», mais «le champ des possibilités humaines, tout ce que l'homme peut devenir, tout ce dont il est capable». La découverte de nouvelles possibilités humaines dessine la «carte de l'existence». Cela ne se fait pas par l'économie de la contingence historique, comme dans la fable. Le vrai historique est un «expédient, pour rendre le *dynaton* plus croyable, *i.e. pithanon*»[4] en fournissant un

1. Aristote, *Poétique*, *op. cit.*, 1460a26.
2. P.D. Huet, *Traité de l'origine des romans* (1670), cité par P. Chartier, *Introduction aux grandes théories du roman*, *op. cit.*, p. 58.
3. La première définition est celle des frères Goncourt, la deuxième de Brunetière, *Honoré de Balzac*, *op. cit.*, p. 33.
4. M. Kundera, *L'Art du roman*, Paris, Gallimard, 1986, p. 57, 59.

cadre à l'intrigue et il est *sans doute* possible pour la bonne raison qu'il *a eu* lieu. Mais si une possibilité s'est *entièrement réalisée*, tout ce qu'on veut savoir d'elle, on l'apprendrait par le biais de l'histoire. Il y a place pour l'entreprise romanesque dans la mesure où il y a des choses à apprendre sur une possibilité par un autre biais que celui de sa réalisation. Le possible romanesque se situe donc à égale distance entre l'impossible fabuleux et le réel historique.

Découvrir des possibilités existentielles, c'est savoir ce qu'un certain type d'homme est *susceptible* de faire, pourquoi il réagit à une situation donnée de telle manière. «La tâche du romancier, dit Maupassant dans sa préface à *Pierre et Jean*, est de prédire que tel homme de tel tempérament, dans tel cas, fera ceci». La vraisemblance est la règle de *vérification* de cette hypothèse. Or, il y a deux manières de *montrer* pourquoi une action paraît à *cet* agent être une *réponse adéquate* à la situation. L'une part d'une description du caractère de l'agent, telle que *tout le monde* puisse la reconnaître. Un avare agira de manière prévisible face au risque de perdre sa fortune. Ainsi, dans *Les Chouans*, la ruse d'Orgemont qui trompe ses tortionnaires et sauve son trésor nous surprend par le résultat, mais ne nous surprend pas par sa possibilité. Il fait ce que tout le monde *attend* d'un avare. Chaque genre littéraire – l'oraison, la comédie, la tragédie ou l'épopée – dispose de son propre réservoir de «lieux», c'est-à-dire de maximes qui rendent compte des raisons d'agir de divers *types* de personnes. Une première acception de la vraisemblance est alors la prise en compte des croyances communes concernant ces raisons, dont dépend la *probabilité* qu'un certain personnage observe une certaine conduite. La «crédibilité» ne vient pas de la conformité naïve avec le réel mais avec «ce que la majorité des gens croient être le réel». C'est l'«opinion publique» qui trace les attentes

légitimes[1]. Le primat de l'« impossible convaincant » sur le
« possible qui ne convainc pas », équivaut, selon ces inter-
prètes, à l'aveu que « mieux vaut raconter ce que le public croit
possible même si c'est impossible scientifiquement »[2]. Les
deux textes que je me propose de commenter divergent quant à
l'appréciation du rapport qu'entretient la fiction romanesque
avec la réalité historique : l'un prétend que le but de l'œuvre
est la connaissance de la réalité historique, l'autre, que le but
de l'œuvre réside dans son autonomie esthétique. Je voudrais
montrer que leur divergence est tributaire d'une conception
commune de la règle de vraisemblance comme un cas d'« illusion collective ». Par la suite, je voudrais montrer qu'une autre
compréhension de la vraisemblance, une autre démonstration
du *pourquoi* d'une action, fait du roman le laboratoire du bien
humain dans une période historique déterminée – celle de la
modernité.

La vraisemblance et la bienséance

Genette observe que, dans la littérature classique, si une
action est contraire aux bonnes mœurs, elle est aussi contraire
à toute attente raisonnable. Certes, on y trouve bien des actions
mauvaises, mais elles n'y figurent qu'à titre d'accidents inin-
telligibles. La raison en est que toute action vraisemblable doit
être couverte par une maxime, faute de quoi elle paraîtra extra-
vagante. Or, l'extravagance, dans la poétique classique, est un
privilège du réel. Par conséquent, si une action choque les
attentes du public, elle doit être *justifiée* par la *nécessité* :

1. T. Todorov, « Introduction au vraisemblable », dans *Poétique de la
prose*, 7, Paris, Seuil, 1967, p. 93.
2. R. Barthes, « Cours sur l'ancienne rhétorique », dans *Communications*,
n° 16, Paris, Seuil, 1970, p. 179.

si une action se produit sans maxime, il faut plutôt chercher à la comprendre non plus comme l'expression de *l'eikos* (du vraisemblable) mais comme l'expression de *l'anankaion* (l'inévitable) : nous dirons que le personnage a agi sous telle contrainte (*VM*, p. 75).

Que la Princesse de Clèves prenne son mari pour confident va à l'encontre des mœurs du XVIIe siècle. Si elle avoue à son époux la raison de sa retraite, c'est qu'elle s'y trouve *contrainte*, puisque ce dernier veut l'obliger à revenir à la cour.

Dans l'esprit classique, les règles de la bienséance n'ont pas à être explicitées, puisque tout le monde les connaît. Quand cette unanimité est historiquement dépassée, des conduites extraordinaires sont admises comme vraisemblables, à condition d'être justifiées par des maximes qui *corrigent* ou *suppléent* aux attentes du public. Dans *La Comédie humaine* des liens inattendus entre structures sociales, caractères, catégories professionnelles, mœurs, traits intellectuels, passions sont *expliqués* par une abondance de lois générales « supposées inconnues ou oubliées par le public ». Ici, le narrateur mobilise des théories qui prétendent à la validité scientifique, pour montrer que l'action est inévitable, *parce que son contraire aurait été impossible*. Cependant, cette « inflation psychologique » n'arrive pas, selon Genette, à introduire de l'univocité dans le sens des événements, puisque les actions censées être décisives auraient pu, en fait, avoir des conséquences tout à fait autres. Ainsi,

quand un personnage de Balzac est sur la pente de la réussite, tous ses actes paient ; quand il est sur la pente de l'échec, tous ses actes – les mêmes, aussi bien – conspirent à sa perte : il n'est pas plus belle illustration de l'incertitude et de la réversibilité des choses humaines. Mais Balzac ne se résigne pas à reconnaître cette indétermination dont il profite pourtant sans scrupules et moins encore à laisser voir la façon dont lui-même manipule le cours des événements : et c'est ici qu'interviennent ses justifications théoriques (*VM*, p. 82).

On décèle, sous ce pseudo-déterminisme psychologique, une indétermination foncière :

> [L]a « capacité » d'un personnage est une arme à double tranchant : raison pour l'élever, raison pour s'en défier et donc pour l'abattre. De telles ambivalences de motivation laissent donc entière la liberté du romancier [...]. Entre un imbécile et un intrigant profond, par exemple, la partie est égale : l'habile l'emportera grâce à son habileté, [...] ou bien il sera victime de sa propre habileté [...].

Les « lois générales » évoquées par le romancier omniscient ne sont que des « pseudo-explications » : la prolifération des *parce que*, des *car*, des *donc* ne sert qu'à masquer le fait que « n'importe quel sentiment [peut] aussi bien, au niveau de la psychologie romanesque, justifier n'importe quelle conduite » (*VM*, p. 85). Dans son essence, tout récit fictif est *arbitraire* ; mais les récits classiques *dissimulaient* leur liberté en faisant du lecteur la dupe de la vraisemblance, puisque celle-ci coïncidait avec ses attentes extratextuelles. Si la conduite d'un personnage nous *intrigue* au point que nous nous demandons pourquoi il a fait ceci ou cela, la raison *véritable* ne se trouve pas dans un approfondissement psychologique ou sociologique, mais dans le besoin du narrateur de relier les raisons d'agir et l'action, ou encore l'action et ses conséquences, afin de conduire le récit *à ses buts*. Les personnages sont des « fonctionnaires du récit » dont la « motivation » ne compte que comme une justification après coup de la *fonction* qui leur est déjà assignée dans l'intrigue. On *veut* faire agir un personnage dans telle direction plutôt que dans telle autre ; au cas où son comportement sort de la vraisemblance au

sens de la bienséance, on doit faire l'*effort* de le « motiver ».
Comme dans toutes les activités régies par un but, « le coût (la
motivation) ne doit pas dépasser le profit (la fonction) » : « le
rendement ou la valeur d'une unité narrative égale sa fonction
moins sa motivation » (*VM*, p. 98).

Les diverses applications du « théorème de Valincourt »
répartissent les époques littéraires. Quand la vraisemblance est
non problématique, la motivation reste implicite et on obtient
le récit *classique*, du type : « La marquise demanda sa voiture
et alla se promener ». Le *parce que* chargé de faire oublier le
pour quoi n'est pas affiché dans le récit, parce que tout le
monde le comprend. La colère d'Achille n'a pas à être justifiée, c'est la réaction attendue d'un capitaine mycénien à une
offense, et elle est tenue pour une réaction *naturelle*, *universellement* compréhensible[1]. (On peut noter ici que sous la
catégorie de la « poétique classique » se profile la coextension
de l'universel et du local qui est le signe de l'archaïsme). Si la
motivation est « lourde », c'est que les choses racontées sortent
de la « vraisemblance ordinaire ». Pour remplir la fonction
requise par la fin du récit, on doit donc avoir recours à une
explication « couteuse », pseudo-causale, et on obtient le récit
motivé : « La marquise demanda sa voiture et se mit au lit,
car elle était fort capricieuse » (généralisation restreinte) ou :
« car, comme toutes les marquises, elle était fort capricieuse »
(motivation généralisante). Le « renversement de détermination » qui transforme « le rapport (artificiel) de moyen à fin en
un rapport (naturel) de cause à effet » est le sceau du roman
réaliste et naturaliste. Selon ce critère, même Robbe-Grillet
reste dans le giron du réalisme, quand il évoque la représen-

---

1. J. Dubois, *Les Romanciers du réel*, Paris, Seuil, 2000, p. 32.

tation de la vie psychique pour *justifier* les invraisemblances d'un récit comme *Dans le labyrinthe*[1].

Pour finir, on a le récit *moderne*, où les marquises demandent – en véritables capricieuses – leur voiture pour se mettre au lit sans autre explication. La règle classique de vraisemblance est renversée : désormais les actions les plus signifiantes sont les plus *improbables*. Entre les œuvres modernes et les œuvres classiques, le dénominateur commun consiste « dans un égal effacement des commentaires et des justifications » des actions significatives. Leur différence ne gît que dans un jugement extratextuel : si la psychologie ambiante juge que les marquises en général se comportent ainsi, le récit moderne se transformera du coup en récit classique. Par conséquent, la seule distinction pertinente se trouve entre les récits *motivés* et les récits *non motivés* – seulement, la gratuité assumée des œuvres modernes a le mérite de nous apprendre à ne plus demander, à propos d'une action, « *d'où cela vient-il ?* », mais « *à quoi cela sert-il ?* ». La réponse moderne à la question *pourquoi ?* ne mobilisera plus des arguments « vérisimilistes » sur la nécessité « scientifique » des actions, mais répondra par un : « *parce que j'en ai besoin* ». – Faut-il conclure, avec Genette, que si l'« illusion réaliste » est synonyme d'entreprise romanesque, la lecture déniaisée signalera la « dissolution du genre romanesque » et « l'avènement de la littérature » (*VM*, p. 86) ?

La faille du raisonnement est à chercher dans la prémisse qui cantonne le vraisemblable dans la *convention sociale*. Dans ce cas, les attentes de l'opinion s'expriment sous la forme de jugements portant sur ce qui est tenu pour *possible*. Si on est

---

1. G. Genette, « Vertige fixé », postface à A. Robbe-Grillet, *Dans le labyrinthe* (1959), Paris, 10/18, 1962.

face à une conduite *extraordinaire*, on dira qu'elle est *invraisemblable*, puisqu'elle est *impossible*. Pour qu'une telle conduite devienne *croyable*, il faut qu'elle soit « motivée », c'est-à-dire *nécessitée* : il faut qu'il soit *impossible*, pour le personnage, d'agir autrement que d'une manière jugée impossible par l'opinion, en vertu soit d'une *contrainte* soit d'une *inconcevabilité* théorique. Le jugement scientifique qui contredira l'illusion collective doit montrer que les « signes du vraisemblable » sont trompeurs. Si, par exemple, la règle de la vraisemblance est que si une personne m'aime, « elle me le manifestera d'une façon ou d'une autre », je dois conclure, en l'absence de tout signe d'amour, qu'elle ne m'aime pas. Or, un jugement scientifique s'énonce en vertu d'une nécessité théorique, d'une loi de portée universelle, qui fait *que son contraire soit inconcevable* : « il est impossible qu'elle ne m'aime pas, bien qu'elle ne me le manifeste en aucune façon »[1]. Il trace alors les limites *du possible* en deçà des signes lisibles par l'œil profane, la correction du vraisemblable passant par un conflit *de deux jugements sur le possible*, l'un conventionnel, l'autre théorique.

Mais le jugement sur le vraisemblable n'équivaut pas à un jugement sur le possible. Dire que « dans aucun cas, on ne peut concevoir qu'elle ne m'aime pas » est un jugement sur ce qui est inconcevable et doit pouvoir être démenti par une *seule* exception. En revanche, le contraire du vraisemblable n'est pas l'*inconcevable*, il est seulement l'*improbable*, puisque le vraisemblable est ce qui ne se produit pas toujours, mais « ce dont on sait que, la plupart du temps, il se produit (ou ne se produit pas) […]. Par exemple, détester les envieux ou donner

1. V. Descombes, *L'Inconscient malgré lui*, Paris, Gallimard, 2004, p. 152.

des signes d'amour à ceux que l'on aime »[1]. Donc, un cas exceptionnel *vérifie* le jugement sur le vraisemblable, qui n'exige pas l'inexistence de l'invraisemblable, mais seulement sa *rareté*. Le « parfois » ne réfute pas le « pour la plupart » mais le confirme par son caractère extraordinaire. Pour démentir ce qui est tenu pour vraisemblable, il ne faut pas lui opposer juste une exception, mais toute une « série de faits manifestant ce qui se produit le plus communément ». Puisque cette série de faits ne se produit pas *selon une nécessité* mais « vis-à-vis des choses contingentes », il est toujours « vraisemblable (mais pas nécessaire) que l'invraisemblable se produit »[2]. Si le fait qui paraît invraisemblable n'appartient pas à une série qui rétablit un nouveau vraisemblable, il se produit seulement en vertu de sa *possibilité logique*, c'est-à-dire de sa non-contradiction avec lui-même. Il est *logiquement possible* que des choses normalement attendues n'arrivent pas, ou que les choses qui ne sont pas attendues arrivent. Dans ce cas, exploré par ce que Genette appelle les « récits motivés », l'extraordinaire est rendu croyable en tant que *possible invraisemblable* – lequel est la limite du possible dans la vie réelle. On aura alors corrigé la *doxa* en sortant des limites de la poésie. Genette rejette cette perspective, en insistant sur le fait que la sortie de l'opinion se fait non par des théories pseudo-scientifiques ou d'autres trouvailles de l'intrigue, mais par la « fonction » globale du texte littéraire.

---

1. Aristote, *Premiers Analytiques*, trad. fr. J. Tricot, Paris, Vrin, rééd. 2007, II, XXVII, 70a3 *sq.*, cité par V. Descombes, *L'inconscient malgré lui*, *op. cit.*, p. 165.

2. Aristote, *Rhétorique*, trad. B. Timmermans, Paris, Livre de Poche, 1991, 1357b, 1461b17.

Quelle est donc cette fin de l'œuvre qui régit *du dehors* le sens de ses épisodes et l'agencement des faits ? Ce n'est pas le dénouement de l'intrigue au sens trivial :

> On ne dirait certes pas sans dommage pour la vérité de l'œuvre que le *telos* de *La Chartreuse de Parme* est que Fabrice del Dongo meure dans une retraite à deux lieux de Sacca, ou celui de Madame Bovary que Homais reçoive la Légion d'honneur, ni même que Bovary meure désabusé sous sa tonnelle… La véritable fonction globale de chacune de ces œuvres, Stendhal et Flaubert nous l'indiquent assez justement eux-mêmes : celle de Bovary est d'être un roman *couleur puce*, comme Salammbô sera *couleur pourpre* ; celle de la Chartreuse est de donner la même « sensation » que la peinture du Corrège et la musique de Cimarosa (*VM*, p. 95).

Renverser les attentes de l'opinion est une opération censée produire des « sensations » appartenant à l'ordre autonome de l'expérience artistique. Pour le lecteur encore prisonnier de ses habitudes, une histoire *semble* se dérouler dans le sens où se sont produits les événements. *En réalité*, si l'on suit Genette, elle se produit à l'envers : *il n'y a rien*, au sein des épisodes de l'histoire, qui décide de leur place dans le tout ; ordonner les moments en une histoire exige de se situer *déjà* du côté de sa fin. Comme Roquentin dans *La Nausée* de Sartre : il a la connaissance amère que seule la « détermination rétrograde » qui subordonne les situations éparses d'une vie à la totalité d'une histoire *racontée* peut leur donner l'« éclat de l'aventure » [1]. C'est seulement après coup que l'existence humaine peut revêtir une unité et un sens, « se justifier », de même que les choses dans le monde ne sont liées que par le regard qui les embrasse : « c'est nous qui mettons en rapport

---

1. B. Pingaud, *La Bonne aventure*, Paris, Seuil, 2007, p. 43-44.

cet arbre avec ce coin du ciel » [1]. L'opinion ou l'*attitude natu-relle* sont invitées à découvrir l'*arbitraire* de ce qu'elles acceptent pour nécessaire, comme la « feuille de vigne » d'un dépaysement plus radical : *au fond*, tout ce qui paraît extra-vagant, ce qui, à l'aune des conventions sociales est jugé *impossible*, est rendu croyable non pas en vertu de la délimi-tation *théorique* du possible, mais en vertu de sa délimitation *esthétique*.

Car le principe véritable de la motivation qui rend croyable la conduite invraisemblable ne réside pas dans les pseudo-lois évoquées dans le récit, mais dans les lois rhétoriques qui régis-sent les récits en général, à savoir dans les conventions des genres. La conduite s'intègre alors dans une vraisemblance de deuxième degré que Todorov appelle la « vraisemblance inversée ». Dans les romans policiers, par exemple, le détec-tive met en relation des éléments jusqu'alors dispersés à l'œil nu, dans une révélation finale qui s'avère à la fois *possible* et *invraisemblable*, par rapport aux apparences admises par le sens commun, mais qui est aussitôt enrégimentée :

> [À] prendre n'importe quel roman à énigme, une même régularité s'observe : l'antagonisme entre vérité et vraisem-blance en est la loi. Mais en établissant cette loi, nous sommes à nouveau mis en face du vraisemblable. En s'appuyant sur l'anti-vraisemblable, le roman policier est tombé sous la loi d'un autre vraisemblable, celui de son propre genre. [...] Il y a un certain tragique dans le sort de l'auteur de romans policiers : son but était de contester les vraisemblances ; or mieux il y

---

1. J.-P. Sartre, *Situations*, II. *Qu'est-ce que la littérature*, Paris, Gallimard, 1948, p. 101.

parvient, et plus fortement il établit une nouvelle vraisemblance, celle qui lie son texte au genre auquel il appartient[1].

Si le scénario dans lequel se résolvent les mystères est ainsi
prévisible, on peut penser que l'analyse romanesque ne fait
rien d'autre que de renverser les codes des bienséances et de
probabilité naturelle pour nous rappeler que les codes n'exis-
tent nulle part mieux que dans les conventions littéraires. Ainsi
Don Quichotte reproduit tout l'arsenal du genre romanesque
« héroïque et galant » – « amours fulgurantes, fidélités éter-
nelles, beautés plus qu'humaines, douleurs inconcevables,
sentiments éthérés, aventures extraordinaires, enlèvements,
quiproquos, reconnaissances » – afin de nous faire comprendre
« que le vraisemblable renvoie autant et plus à des genres,
codés et goûtés comme tels, ou à des "niveaux de style", qu'à
un référent extralittéraire »[2]. – On peut se demander si le renversement de la vraisemblance dans une *direction prévisible*
selon la convention du genre – selon la *nécessité* du « Parce
que j'en ai besoin ! » – est autre chose que ce qui se passe dans
la « littérature rose » :

> [L]e mauvais sort qui a masqué les personnages – l'hypocrite
> ruisselle de bonté, le pur se bute dans une attitude hautaine –
> s'appelle providence. Les desseins de la providence sont téné-
> breux. Il ne faut pas que les héros sur qui elle veille mesurent la
> signification de leurs épreuves, sans quoi elle ne les aguerrirait
> pas. Cette science est réservée au lecteur qui leur sert de juge et
> de témoin. Mais cette modification reste elle-même de l'ordre
> du rêve, précisément parce qu'on ne peut pas douter, dès les
> premières pages du livre, qu'elle finira par intervenir[3].

1. T. Todorov, *Poétique de la prosse*, *op. cit.*, p. 97.
2. M. Robert, *Roman des origines et origines du roman*, *op. cit.*, p. 32.
3. B. Pingaud, *La Bonne aventure*, *op. cit.*, p. 77-80.

On ne peut pas en douter, puisque l'intervention de la providence romanesque est un *but prévu*. L'œuvre obéit dès lors à la logique du « tape à l'œil » qui consiste à privilégier le « bel effet » au lieu de poursuivre le « but infini » de « dépeindre le monde tel qu'il est réellement » et non pas « comme on souhaite ou redoute qu'il soit »[1].

Le vraisemblable extraordinaire

Peut-on articuler autrement les concepts de vraisemblance et de nécessité? Pour Corneille, il existe un critère pour « démêler les actions nécessaires d'avec les vraisemblables », qui est la « réduction de la Tragédie au Roman »[2]. Le respect des contraintes du genre théâtral qui obéit aux règles de l'unité de temps, de lieu, et d'action est le premier sens du nécessaire qui « nous dispense alors du vraisemblable », conçu comme le respect des bienséances, du « train commun des affections naturelles » (*TD*, p. 115). En revanche, le genre romanesque

> donne aux actions qu'il décrit tout le loisir qu'il faut pour arriver, il place ceux qu'il fait parler, agir, ou rêver, dans une chambre, dans une forêt, en Place publique etc. [...] Il n'a jamais aucune liberté de s'écarter de la vraisemblance, parce qu'il n'a jamais aucune raison ni excuse légitime pour s'en écarter (*TD*, p. 121-122).

Une deuxième espèce de nécessité concerne la logique qui fait naître les actions l'une de l'autre et les relie causalement pour en faire des « parties essentielles du Poème » de sorte que le spectateur puisse croire qu'une action se produit parce

---

1. H. Broch, « Le mal dans les valeurs de l'art », *CLC*, p. 360.

2. P. Corneille, « De la tragédie », dans *Trois Discours sur le Poème dramatique*, Paris, Flammarion, 1999, p. 121 (dorénavant cité *TD*).

qu'une autre a déjà eu lieu (*TD*, p. 123). Cette nécessité s'apparente à la motivation évoquée par Genette mais, pour Corneille, elle doit toujours composer avec ce qui est nécessaire comme ce qui est *utile* aux acteurs pour arriver à leurs buts, qui sont « divers » : « un Amant a celui de posséder sa Maîtresse, un ambitieux de s'emparer d'une Couronne », etc. La liaison des actions résulte « quand l'action de l'Ambitieux se mêle avec l'action de l'Amant, etc. » (*TD*, p. 128).

À son tour, la vraisemblance se divise en « générale » et « particulière ». La première exprime la corrélation *attendue* entre le tempérament et la conduite : « ce que peut faire, et qu'il est à propos que fasse un Roi, un Général d'Armée, un Amant, un Ambitieux, etc. ». Le deuxième exprime « ce qu'a pu ou a dû faire Alexandre, César, Alcibiade, compatible avec ce que l'Histoire nous apprend de ses actions ». Ce *vrai historique* est une limite à l'invention poétique et son infraction nous fait sortir du croyable : « il n'est pas vraisemblable que César après la bataille de Pharsale se soit remis en bonne intelligence avec Pompée, ou Auguste avec Antoine après celle d'Actium » (*TD*, p. 125). L'imagination a pourtant le loisir de modifier le vraisemblable général pour arriver au *vraisemblable extraordinaire*, à savoir

> une action qui arrive à la vérité moins souvent que sa contraire, mais qui ne laisse pas d'avoir sa possibilité assez aisée, pour n'aller point jusqu'au miracle, ni jusqu'à ces événements singuliers, qui servent de matières aux Tragédies sanglantes par l'appui qu'ils ont de l'Histoire ou de l'opinion commune (*TD*, p. 127).

« Avoir la possibilité assez aisée », c'est ne pas avoir à demander d'explication théorique (ici, théologique) ou historique. Une action qui est extraordinaire car elle arrive moins souvent que son contraire peut être rendue croyable simplement en vertu du principe qu'il est « vraisemblable que beaucoup de choses arrivent contre le vraisemblable ».

L'idée que l'ordinaire est comme la matrice de l'extraordinaire puise dans la conception aristotélicienne de la *plasticité* du familier : certes, c'est un *topos*, un *lieu*, de dire que quelqu'un donne un cadeau à quelqu'un d'autre pour lui faire plaisir, mais « un autre lieu consiste à dire que telle chose, qui aurait pu être causée par tel mobile, bien qu'il n'en soit rien, l'est ou l'a été. Exemple : si l'on faisait un présent à quelqu'un afin de l'affliger en le lui retirant » : tel est le cas de Diomède, qui donne la préférence à Ulysse non pas « en vue de lui faire honneur, mais afin d'avoir un compagnon inférieur à lui-même ». Les lieux sont tirés des « choses corrélatives entre elles » : « s'il y a commandement (de tel caractère) d'un côté, il y aura de l'autre exécution (de même caractère) » [1]. On peut *faire varier* ces corrélations en les croisant : si toute action humaine renvoie ultimement à quelque rôle social que joue le « sujet pratique », sa motivation peut toujours se cacher dans les « plis de la conscience » si le sujet vise, par la même action, une pluralité de buts dont la hiérarchie n'est pas (encore) publiquement justifiable. Faire varier ainsi les corrélations entre l'action, la motivation et le résultat ne signifie pas qu'on les *renverse* : si on permet « qu'un homme adroit se trouve trompé par un moins subtil que lui », et qu'un faible se batte « victorieusement contre un plus fort que lui », on n'est pas pour autant obligé d'attendre que désormais les faibles triompheront des forts ou que les malins seront trompés par les niais, mais on devra *élargir* le champ d'application des concepts de force et d'habileté. Contrairement à ce que suggère Genette, non seulement la fiction, mais toute intelligence des affaires

---

1. Aristote, *Rhétorique, op. cit.*, 1397a, 1399b.

humaines évoque des *mécanismes* qui sont des énoncés du type : « Si A, *parfois* B » – tandis que les lois scientifiques sont des énoncés du type « Si A, toujours B »[1]. Il y a une indétermination irréductible, parce que les mécanismes impliquent *plusieurs* chaînes causales, dont on ne saurait *calculer a priori* l'effet combiné. On peut cependant estimer la probabilité que telle chaîne de causalité psychologique se déclenche au lieu d'une autre si on connaît le « comportement passé de l'individu », à savoir son *caractère*[2]. Corneille ne dit pas autre chose lorsqu'il remarque que si cela ne s'est jamais produit dans l'histoire, le poète peut imaginer que « dans une guerre civile, après une grande bataille, les Chefs des partis contraires se réconcilient, principalement lorsqu'ils sont généraux l'un et l'autre » (*TD*, p. 125). La réconciliation est une exception, mais une exception imaginable en vertu de la même règle qui vaut « pour la plupart », « l'*éthos* du général d'armée comprenant vraisemblablement, mais non nécessairement, le trait de la générosité, c'est-à-dire de la grandeur d'âme »[3]. En l'occurrence, la connaissance du caractère aura rendu croyable la conduite extraordinaire par rapport aux circonstances.

Mais alors, où réside le propre de la fiction ? A ce qui conduit le poète à sortir de l'ordinaire dans telle ou telle direction : les « effets extraordinaires qui arrivent contre la vraisemblance » doivent être « rangés sous le nécessaire » (*TD*, p. 128). Si le nécessaire est ce qui est utile dans le but « de plaire selon les Règles de son Art » – donc pour le but prévu par le genre – le poète peut « rehausser l'éclat des belles actions et exténuer l'horreur des funestes », au risque de choquer la vraisemblance

---

1. J. Elster, *Proverbes, maximes, émotions*, Paris, PUF, 2003, p. 27.

2. *Ibid.*, p. 76.

3. *Ibid*, p. 190.

particulière ou historique. Mais pour ce qui est de la vraisemblance générale, il ne faut en sortir que « pour des choses qui soient de la *dernière* beauté » (*TD*, p. 130), comme dans *Nicomède* où un personnage renonce à la vengeance attendue, pour atteindre au *sublime*. Mais pourquoi ces « nécessités d'embellissement » obligent-elles le poète à sortir de la vraisemblance ordinaire et générale ? Parce que justement son but n'est pas de plaire selon l'effet qui flatte les passions que le public se trouve avoir, mais de *purger ces passions* :

> La pitié d'un malheur où nous voyons tomber nos semblables nous porte à la crainte d'un pareil pour nous ; cette crainte au désir de l'éviter ; et ce désir à purger, modérer, rectifier, et même déraciner en nous la passion qui plonge à nos yeux dans le malheur les personnes que nous plaignons (*TD*, p. 98).

On peut inscrire la purgation des passions dans une théorie générale de la fiction comme ajustement de nos réactions morales spontanées aux diverses circonstances, afin de les transformer en vertus [1].

L'EXTRAORDINAIRE EXTRAMONDAIN

Qu'en est-il du roman ? Par quelle conception de l'extraordinaire corrige-t-il et affine-t-il les réactions naturelles de ses lecteurs, et par quel moyen rend-il cet extraordinaire croyable ? D'abord, lors du moment extramondain, ce qui est extraordinaire, c'est l'idéal qui ne trouve pas de répondant dans le monde, mais qui illumine le monde par son absence. C'est la *romance* au sens que lui donne Henry James :

---

1. R. Pouivet, *Le Réalisme esthétique*, Paris, PUF, 2004, p. 210 *sq.*

la réalité est ce qui est voué à la connaissance humaine (elle peut ne pas encore être connue, mais ce n'est que par accident); la *romance* est ce qu' « avec toutes les facilités du monde, toute la richesse et tout le courage et tout l'esprit et toute l'aventure, nous ne pouvons jamais connaître directement, que par le beau circuit et le subterfuge de notre pensée et de notre désir » [1]. Ce n'est pas tant l'évidence de la bienséance qui rend superflue la motivation, mais la majesté de l'idéal qui s'impose contre toutes les attentes de l'expérience ordinaire intramondaine : « invraisemblables en tant que personnages doués d'une existence empirique, Chariclée, Amadis et Céladon sont parfaitement convaincants en tant qu'illustrations des réalités normatives et axiologiques » [2]. Il faut cependant que l'incarnation du modèle dans la vie du couple soit rendue crédible à travers les coups de la fortune, les renversements de situation, les reconnaissances, bref, toutes les aventures ou les mésaventures de la vertu. Quand, selon le « théorème de Valincourt » le « coût » exorbitant de ces expédients ne peut se justifier par le « profit » de mettre en valeur la majesté de l'idéal, le roman devrait basculer vers son étape démocratique. Il me semble néanmoins que la légitimité de tel ou tel moyen n'est concevable qu'à l'intérieur du but que se donne chaque époque du roman, et que l'on devrait éviter toute comparaison anachronique : si les personnages du roman hellénistique nous paraissent « abstraits et leurs aventures difficiles à croire », ce n'est pas

> parce que les écrivains qui les ont créés ne maîtrisaient pas les secrets du réalisme, mais parce que le projet artistique auquel ils souscrivaient, à savoir la représentation de l'idéal moral

1. H. James, *The Art of the Novel*, New York, C. Scribner's sons, 1962, p. 32.
2. Th. Pavel, *La Pensée du roman, op. cit.*, p. 90.

dans toute sa majesté, les encourageait à inventer des modèles exaltants plutôt qu'à raconter des faits plausibles.

Ce sera donc le changement de paradigme axiologique qui fera évoluer le roman, selon l'intuition qu'une aventure simplement extraordinaire « ne nous intéresse qu'une seule fois » et « ne fait pas accroître notre connaissance de la vie commune »[1]. Mais cette intuition suppose que la « vie commune » apparaisse comme « la vraie vie ». L'étape de la romance et du romantisme, « constamment tendu vers la représentation du rare ou de l'extraordinaire : le brigand héroïque ou la courtisane amoureuse, plus vierge en ses débordements qu'aucune fille de bonne mère » sera alors dépassé au profit de l'« humble vérité de la vie quotidienne » qui deviendra le nouveau siège de l'idéal[2].

L'extraordinaire démocratique

En passant à son moment démocratique, le roman se met à diffuser l'idéal par des « aventures qui auraient pu être les nôtres », à « nous, hommes du commun ». Il fait varier la vraisemblance générale des mœurs aristocratiques qui régit les corrélations admises entre les qualités du caractère et le statut. L'extraordinaire devient la présence de qualités admirables chez des êtres *ordinaires*, rendue toutefois crédible par la représentation de la vie *totale* de la société qui témoigne de l'épiphanie inattendue de l'idéal. Désormais, la crédibilité passe par l'expérience positive et détaillée du monde. Ainsi Stendhal, qui offre, selon Genette, le modèle de l'action gratuite dans la conduite de Julien Sorel, a pu écrire :

1. F. Brunetière, *Honoré de Balzac, op. cit.*, p. 16.
2. *Ibid.*, p. 123.

Les petites bourgeoises de province ne demandent à l'auteur
que des scènes extraordinaires qui les mettent toutes en larmes ;
peu importent les moyens qui les amènent. Les dames de Paris
au contraire, qui consomment des romans in-8°, sont sévères en
diable pour les événements extraordinaires. Dès qu'un événement a l'air d'être amené à point nommé pour faire briller les
héros, elles jettent le livre et l'auteur est ridicule à leurs yeux [1].

Est-ce là une mise en garde contre la difficulté simplement
technique à dissimuler le « *parce que* » sous le « *pour quoi* » ?
Certes chaque épisode d'un récit vise l'au-delà de son contenu
immédiat ; dans *Mansfield Park*, Bertram se rend ainsi à
Antigua « non pas parce qu'il a besoin d'argent, mais parce
que Jane Austen doit l'écarter de la scène » : lui qui « exerce un
fort ascendant sur tous les autres personnages, il les effraie et il
risque donc d'étouffer le récit » [2]. « Gagner de l'argent » est ici
une motivation propre à occulter la fonction de ce voyage, qui
est de légitimer ce qui suit, à savoir l'adultère entre Edmond et
Mary – bref, l'« action » au sens aristotélicien. Mais quand
Genette dénonce l'« alibi causaliste de la motivation », il vise
plutôt la justification de l'extraordinaire par l'évocation d'une
*connaissance théorique du monde à laquelle seul l'auteur est
initié*. Le lecteur averti devrait se passer de ces « combinaisons
d'effet » dont un Balzac passe pour le maître, et déceler la
« détermination finaliste » sous l'« illusion réaliste ».

Balzac part d'une idée, comme dans le *Curé de Tours* où le
prêtre incarne le type individualisé de l'égoïsme qui se perd
dans la recherche vétilleuse et raffinée du bien-être matériel et
nourrit des ambitions puériles. Son hypothèse théorique est

1. Stendhal, « Sur le Rouge et le Noir », *Mélanges de littérature*, Paris, Le
Divan, 1933, t. II, p. 348.

2. F. Moretti, *L'Atlas du roman européen*, Paris, Seuil, 2000, p. 35.

que la contrainte psycho-physiologique du célibat ecclésiastique produit le vice et la déviation du tempérament. Maintenant, quand le frère du vicaire, le parfumeur Birotteau, entre en scène, de la ressemblance familiale et de l'éducation commune découle nécessairement une destinée qui veut que les Birotteau «fussent opprimés par les hommes ou par les événements partout où ils se planteraient» (*CB*, p. 21). Ce qui est ici extraordinaire, c'est la pureté du type, la grandeur qu'il représente dans son domaine, et dont la carrière intramondaine illustre l'impossibilité de l'incarner dans le monde. Mais il faut rendre cette impossibilité *crédible*; comment se fait-il que le type incarnant les perfections de son genre en la personne de César, échoue dans la carrière qu'il se choisit – c'est-à-dire que le type même du commerçant fasse *banqueroute*? Selon Brunetière,

> pour nous dire «comment l'argent se gagne», il a fallu qu'on nous décrivît les moyens de le gagner, qu'on nous les fît accepter comme probables, qu'on nous les «expliquât» en nous en montrant les rapports avec le mécanisme ou la technique d'une profession [1].

Aussi trouve-t-on dans le récit balzacien des explications du genre: «on ne se mêle pas d'intriguer» quand on n'est «ni une grande âme ni un fripon», mais un «franc et maladroit égoïste», un «grand enfant» de soixante ans…», etc.

Lukács pense que ces explications causales ne suffisent pas à abolir l'arbitraire de cette destinée: telle est «l'idée moderne de l'intrigue», qui oppose le hasard à la relation causale et «pense qu'un hasard a cessé d'être fortuit quand on révèle de façon causale ses raisons immédiates» (*BRF*, p. 58). Pour la poétique réaliste qu'il considère comme la plus haute

---

1. F. Brunetière, *Honoré de Balzac*, *op. cit.*, p. 128.

possibilité du roman, aucun enchaînement de relations causales ne peut conférer de nécessité aux événements. Pourtant,
comme la nécessité historique née de l'«effet global» de
milliers de hasards, tous les traits «fortuits» des personnages
littéraires ont un impact nécessaire sur le déroulement de
l'action, dans la mesure où les particularités individuelles
mises en relief dans chaque épisode de l'intrigue correspondent aux divers aspects du processus social qui détermine la
«réalité objective». Chaque phénomène particulier est en soi
fortuit, mais l'insertion de l'ensemble de ces hasards dans une
intrigue dévoile après coup leur contribution à un résultat qui
était programmé d'avance. La nécessité émerge «à partir
d'une concentration énergique des événements allant parfois
jusqu'à une catastrophe [qui] se produit la plupart du temps
"soudainement" – cette soudaineté n'étant qu'une apparence».
Car «au milieu de la catastrophe se dévoilent avec une grande
netteté des traits particuliers dont nous avions déjà remarqué
l'existence depuis longtemps». Les événements extraordinaires sont des événements fortuits comme la rencontre de
Vautrin et de Rubempré, qui mettent en contact les «aspects
majeurs d'une société réelle» en précipitant le destin du personnage dans une direction imprévue pour lui mais prévisible
– et par conséquent crédible – en vertu de la logique de l'interaction entre les traits sociaux incarnés par les personnages.

Dans *Illusions perdues*, si le type de Vautrin est
«excessif» aux yeux de Zola, son intervention est *nécessaire*
pour conduire Lucien de Rubempré à son échec personnel.
Mais la «motivation artistique» – ici Lukács renverse l'analyse de Genette – n'est qu'une feuille de vigne pour cacher
la *nécessité sociale* qu'elle représente – en l'occurrence, la
guerre contre la société de la «Restauration, avec toute son
abjection à la fois arrogante et poltronne, depuis le roi méditant

un coup d'État jusqu'au juge d'instruction bureaucratique et arriviste »[1]. Face à la société ainsi décrite, deux réactions sont concevables : soit la résignation et le renoncement au bonheur personnel, soit le combat. Ainsi la guerre contre la société peut être menée soit par le « Cromwell du bagne » qui est un personnage secondaire car achevé, soit par le poète – Lucien qui lutte contre la « société bourgeoise », mais dont le caractère est né des contradictions profondes du « poète spécifiquement bourgeois ». Celui-ci est une

> harpe d'Éole pour les différentes sortes de vents et de tempêtes de la société, un paquet de nerfs sans consistance, sans direction, hypersensible : le poète maudit, en contradiction perpétuelle entre ses aptitudes poétiques et son inconsistance humaine. Ce mélange d'inconsistance et de nostalgie de la pureté, d'une vie honnête, et en même temps d'ambition démesurée mais instable et de recherche raffinée de la jouissance, détermine la possibilité de son ascension éblouissante, de sa rapide auto-prostitution et de sa défaite finale dans des conditions honteuses (*BRF*, p. 53).

Le moteur de l'intrigue se situe alors dans le clivage entre la conscience du héros qui croit agir « en toute indépendance contre les forces intérieures et extérieures qui retardent son ascension [...] par le jeu de circonstances ou de passions personnelles fortuites » et son aveuglement au fait que ces obstacles « surgissent sans cesse et toujours sous une forme différente du sol de cette même situation sociale qui détermine ses aspirations ». Bref, il y a dans sa conduite une « nécessité intérieure » du fait que ses buts proviennent de la société ambiante avec toutes ses « grandes contradictions ». Par là

---

1. G. Lukács, « Pour le centième anniversaire de la naissance de Zola », *Balzac et le réalisme français*, *op. cit.*, p. 96.

même, la nécessité sociale transforme la destinée du personnage en incapacité de convertir son idéal en réalité et devient responsable de sa chute. Les dés sont pipés : avant même de se poser comme une réaction face aux circonstances de la vie, la conduite de l'agent est traversée par le non-sens qu'elle veut réduire. Les biens qu'elle vise sont illusoires ; la société brise les élans du personnage vers eux par le même mouvement qui les a suscités. La grande découverte du roman se résume dès lors à une sagesse consistant en ce que chacun sait – « l'expression cynique de ce que chacun fait ou doit faire dans ce monde s'il ne veut pas se condamner lui-même au naufrage ». La perspicacité de Vautrin est l'expression pure de cette sagesse des nations :

> Vous n'avez rien, dit-il à Lucien, vous êtes dans la situation des Médicis, de Richelieu, de Napoléon au début de leur ambition. […] Raisonnons. Quand vous vous asseyez à une table de boulotte, en discutez-vous les conditions ? Les règles sont là, vous les acceptez.

Avec ce jugement, Vautrin « se dresse réellement là sur le cimetière de toutes les illusions d'une évolution glorieuse qui dura plusieurs siècles, et il constate que les hommes sont ou bien des crétins ou bien des canailles » (*BRF*, p. 64-65).

Ce « rictus diabolique de l'amère sagesse balzacienne » est-il aussi le mot final de celle du roman ? On peut douter que la connaissance de « la nécessité objective » dont les événements fortuits « tracent la courbe » soit issue de l'exploration romanesque. Aussi la quête de la vraisemblance se réduit-elle à l'application d'une vérité qu'on a toujours sue mais qu'on s'étonne pourtant de découvrir à la fin du roman. Fausse surprise, puisque cette vérité est justement connue autrement que par les moyens de l'analyse romanesque ! La nécessité objective se dévoile dans des intrigues qui « ne révèlent au fond jamais rien de radicalement nouveau, mais rendent seulement explicite au fil de l'action ce qui était déjà contenu dans l'ampleur du dessin » (*BRF*, p. 60). Mais comment se fait-il que le but de la poétique réaliste qui est, selon Lukács, la révélation d'une vérité cachée se réduise au rappel d'une vérité déjà connue ? Je crois que la faille du raisonnement de Lukács tient à la manière dont il décrit la correction de la perspective du personnage comme si elle passait par son effacement total. Le terrible « vous n'avez rien », proféré contre l'illusion du personnage qui croit à la supériorité de ses buts malgré son statut de subalterne abolit du même coup la manifestation de la grandeur dans des lieux insoupçonnés : il abolit donc l'*extraordinaire*. Or celui-ci est nécessaire si l'on veut justement « condenser » les aspects sociaux dans les événements fortuits et obtenir ainsi l'expression « non pas *moyenne*, mais la plus *aiguë* des mœurs d'une classe et d'une époque particulières ».

Soit le discours de Julien au tribunal de Verrières : Genette y voit « cette individualité sauvage qui fait l'imprévisible des grandes actions ». Pour Lukács, l'extravagance des personnages est *nécessaire* pour permettre à Stendhal de

> représenter de façon parfaitement typique le grand conflit qu'il avait choisi comme donnée dramatique, à savoir : la critique de la bassesse, du mensonge et de l'hypocrisie de la Restauration, de son idéologie romantique et féodale accompagnée d'une mentalité capitaliste misérablement cupide et mesquine (*BRF*, p. 95).

L'extraordinaire réside dans le fait que les idéologies exprimant des « tendances historiques » puissent s'incarner dans les passions les plus intimes des personnages. L'idéologie « réactionnaire » du romantisme devient une passion sincère chez Mathilde, et le « jacobinisme plébéien » de Julien ne peut s'exprimer que par la *supériorité* de celui qui n'est pas

« né à genoux », *afin* que la jeune femme *puisse* tomber amoureuse de lui et que leur interaction exprime « concrètement » l'opposition de deux idéologies. Ces « nécessités d'embellissement » sont les moyens par lesquels s'opère l'analyse *réaliste* des idéologies, qui, sans préjuger de leur carrière dans le monde, développe la logique des personnages en poussant leur conduite *jusqu'aux limites que lui impose le monde*. Si Julien était seulement un ambitieux frustré, admirateur de Napoléon quand les Napoléon ne sont plus d'actualité, sa révolte contre ses propres chances de survie serait en réelle opposition avec la construction de son caractère. Cette révolte est rendue *impossible* par le cadre théorique qui admet comme loi du comportement que l'« on cède à sa plus forte passion » ; que « notre intérêt égoïste, c'est-à-dire notre notion particulière du bonheur, est le mobile unique de nos déterminations, et l'utilité au bonheur la raison unique de décider entre les actes »[1], etc. Mais elle est rendue crédible si l'on accepte que le caractère soit décrit comme animé, dans le jargon stendhalien, par des passions « espagnoles », *trop* généreuses pour un monde que la description réaliste a présenté comme *réfractaire à l'idéal*. Rendre l'impossible crédible dans le scénario réaliste revient à tester la capacité de l'idéal d'être incarné par un personnage dont le statut social ne l'y prédestine pas.

L'extraordinaire radical

L'analyse réaliste avant Flaubert montre que les idéaux incarnés par des personnages extraordinaires ne peuvent survivre à la pression du milieu. Flaubert partage la prémisse de ce conflit : « Ce serait impossible d'avoir un tempérament

---

1. L. Blum, *Stendhal et le Beylisme*, Paris, Albin Michel, 1930, p. 172-174.

plus romantique que celui de Madame Bovary et pourtant rien
ne ressemble moins à une romance que le bilan de ses aventures »[1]. Mais son ironie élimine les contenus traditionnel-
lement considérés comme des figures du « désir infini », en
montrant qu'ils ne sont en réalité que des reflets de la médiocrité ambiante. Le scénario naturaliste retombe dans une opposition frontale du monde et de l'idéal, mais il retient la leçon de
Flaubert en déplaçant l'origine de l'idéal : si le « milieu » broie
le rêve, c'est parce que le rêve s'y oppose, dans la mesure où il
n'est pas produit par le milieu. Cependant, son origine n'est
pas extramondaine, mais vient d'une pratique qui diffuse la
légende *dans tous les milieux* :

> Le roman ! Qui en expliquera le miracle ? […] Nous donnons
> notre intérêt, notre émotion, notre attendrissement, une larme
> parfois à de l'histoire humaine que nous savons ne pas avoir
> été. Si nous sommes ainsi trompés, nous ! comment l'inculte et
> candide femme du peuple ne le serait-elle pas ?[2].

« La banalité des existences et la pesanteur des fatalités
sociales » n'est que la prémisse des naturalistes *théoriciens*;
pour la faire apparaître, les naturalistes en tant que *romanciers*
doivent la mesurer à l'aune de ce qui lui manque, à ce qui ne s'y
produit que rarement, lequel, dès qu'il y paraît, est voué à la
disparition. L'adolescent des *Beaux Quartiers* se révoltera
ainsi contre la laideur de son milieu bourgeois en voulant non
pas simplement fréquenter des gens du peuple, mais les transformer en « personnages du monde imaginaire », à la manière
du forgeron qui « avait accompagné Raimbaud d'Orange
jusqu'à la nef qui l'avait emporté sur la mer »[3]. – Que l'origine

---

1. H. James, *The Art of the Novel*, *op. cit.*, p. 34.
2. Ed. de Goncourt, *La Fille Elisa* (1876), Paris, 10/18, p. 59.
3. L. Aragon, *Les Beaux Quartiers*, Paris, Le Livre de Poche, 1959, p. 59.

de l'idéal se trouve dans le mensonge de la romance, n'est-ce pas la vérité du roman depuis Cervantès ? Mais dans la poétique naturaliste, la différence entre le personnage principal et le *monde* ne réside pas dans le fait que le premier prenne au sérieux l'idéal auquel le monde n'adhère que par hypocrisie ; elle implique une dissociation radicale entre la perspective du personnage principal, régie par l'idéal, et les lois qui déterminent son comportement et donc le vouent à l'échec. Le héros naturaliste, plus que moqué, est incompris. La même incompréhension deviendra, dans le réalisme moral, ce qui permettra de représenter les personnages principaux comme stimulés par des émotions pour lesquelles nous ne disposons pas de mots *avant la lecture du roman*. La conduite des caractères secondaires obéit, on l'a vu, aux règles de la vraisemblance ordinaire : la conversion du vilain séducteur dans *Tess d'Urberville* paraissant invraisemblable aux lecteurs modernes, Roman Polanski l'a supprimée dans son film de 1979. Elle ne l'était pas pour ceux qui vivaient dans la ferveur religieuse de l'Angleterre victorienne. Que sa conversion soit un fait conventionnel fait toute la différence entre lui et l'héroïne, dont le destin n'est pas dicté par la morale du milieu mais par la recherche d'une pureté qu'on ne peut décrire que dans les termes de son histoire singulière.

Cette recherche est au cœur du moment radical, où l'extraordinaire est une synthèse inédite des qualités idéales. Le moyen de les rendre crédibles est de montrer le processus de leur naissance dans une vie intérieure que la « syntaxe du monde » ne saurait articuler, mais qui contient dans son langage plus que ce qui apparaît immédiatement dans la perspective subjective : « [I]l y a des dangers sans prétention et abscons, qui "n'ont l'air de rien" et qui peuvent être traités à l'intérieur et dans l'obscurité, mais qui impliquent les menaces les plus aiguës à la vie et l'honneur »[1]. Soit l'énigme de la conduite de Jim à l'égard du criminel Brown. Selon Conrad, « le tempérament d'un personnage doit être si pleinement présenté au lecteur que son action, quand elle arrive, paraisse la seule action possible, inévitable en vertu d'une exposition exhaustive de l'identité humaine »[2]. Mais il n'y a pas de vocabulaire qui décrive ces qualités directement, et seul leur déploiement dans l'intrigue nous permet de discerner s'ils disposent ou non à la conduite qui suit. Quand il est privé d'identité publique par l'annulation de son brevet, Jim s'obstine à reconquérir son honneur perdu. Le saut hors du bateau lui pèse davantage que sa condamnation publique. Le roman problématise la qualification publique de son caractère en lui opposant la certitude intérieure du personnage quant à sa propre valeur. Jim assume paradoxalement son échec en s'enlisant dans les habitudes qui l'ont provoqué; au lieu d'apprendre à vivre humblement « dans les rangs », il se lance à la poursuite d'un rêve actualisable dans des circonstances que lui-même ne saurait définir. Il erre d'un port à l'autre, à l'affût d'épreuves susceptibles d'illustrer sa vaillance. Expier sa faute est *nécessaire*, sans quoi la vérité finale sur son identité se déduirait de sa conduite *visible*, décrite par le verdict du tribunal. Depuis sa perspective subjective, il croit voir dans sa mission sur l'île perdue de Patusan une chance de déployer cet éventail de vertus héroïques – courage physique, fidélité, amitié, habileté au service de la communauté – qu'il est sûr d'avoir mais qu'il n'a toujours pas eu l'*occasion* d'exercer. Vus de l'extérieur, ses actes ne sont descriptibles qu'en termes

---

1. H. James, *The Art of the Novel*, *op. cit.*

2. J. Conrad, *Lettre à Ford Madox Ford*, cité par J. Bachelor dans préface à J. Conrad, *Lord Jim*, Londres, Unwin Critical Library, 1988, p. 6.

comiques : Lord Jim n'est qu'un « conquérant obscur de gloire ». Vus du dedans, ils font de lui la vivante réplique de l'artiste symboliste, auteur d'une nouvelle loi, garant d'un ordre émané de son âme.

Mais soudain son énergie civilisatrice cède devant l'irruption de l'énergie sauvage d'une nature amorale – devant l'« épiphanie du mal » en la personne de Brown, le gentleman déchu, comme Jones dans *Victoire*, moins possédé par la soif du pillage que par le désir de souiller la superbe immaculée et méprisante de Jim :

> Au diable son âme supérieure ! Il me tenait, mais il n'y avait pas assez de démon dans son cœur pour en finir avec moi. Ah bah ! un être pareil, me laisser filer, comme si je n'avais pas valu un coup de pied ! [1].

Sa vanité l'instruit de ses affinités avec Jim, tous deux ayant choisi de vivre *en dehors des rangs*. Elle l'éclaire aussi sur la « pureté » de Jim, qui ne serait au fond qu'un égoïsme plus raffiné que le sien. Brown tire sa force du fait qu'il admet ouvertement la bassesse de ses mobiles, de sa peur, de son inquiétude pour sa survie. Il saisit et exploite la faille dans l'armure idéaliste de Jim, son grand dégoût pour toute action l'obligeant à un commerce avec des êtres inférieurs. Jim prendra cette fois sur lui la responsabilité d'un crime qu'il n'a pas commis mais qu'il n'a pas su empêcher. Le motif du double articule ce qui reste *caché* ou *latent* dans une perspective subjective pour mettre en relief une nouvelle qualification du caractère. Quand tout est consommé – l'ultime trahison et l'ultime fidélité à l'idéal –, Jim est qualifié d'« *excessivement*

---

1. J. Conrad, *Lord Jim*, *op. cit.*, XXXVI, p. 414.

romantique »[1]. Mais le terme laisse maintenant apparaître bien plus de choses que ce qu'il affirme en tant que partie d'une théorie générale sur l'état d'esprit romantique. Le reflet inversé de la perspective de Jim dans la figure de Brown montre que si le romantisme puéril de Jim est au fondement de son inaction, il est toujours meilleur que le cynisme : non pas en vertu de l'intensité subjective du rêve, mais grâce à sa plus grande *compatibilité* avec les buts de la communauté qu'il a voulu épouser. Certes, son apprentissage de la vie a échoué, puisqu'il n'a pas réussi à faire passer ces buts *avant* son besoin d'agrandissement de soi. Pourtant, ce que dévoile l'ironie romanesque n'est pas tant la futilité de la perspective subjective que la hiérarchisation *extraordinaire*, quoique *imparfaite*, des idéaux qui l'animent. Elle est rendue crédible uniquement par le déploiement de la conduite qui en découle, jusqu'à n'être plus descriptible qu'à travers le déplacement des vocabulaires moraux.

Dans *Berlin Alexanderplatz* d'Alfred Döblin, Franz Biberkopf, survivant de la Grande Guerre et ancien prisonnier de droit commun décide de rester honnête dans un milieu social où la perfidie des hommes n'est pas intelligible comme une violation de normes données, mais implacable et cruelle comme un destin. Son aspiration à l'honnêteté devient alors extraordinaire. La « vie intérieure » prend les allures d'une rhapsodie d'affects chaotiques et obscurs, une série de causes neurophysiologiques agissant sans jamais produire de *cohérence logique* – puisque le chaos social détruit les significations que pourraient revêtir les pulsions internes : les idéaux les plus nobles n'ont fait que cautionner la « mobilisation totale » ayant conduit les masses vers les grands abattoirs de la

---

1. J. Conrad, *Lord Jim*, *op. cit.*, XXXXIV, p. 416.

guerre. Une autre description du chaos fait cependant apparaître une justice qui se passe de la compréhension des mortels
pour énoncer la vérité de leurs agissements : « chacun est tantôt
bourreau, tantôt victime ». Ce n'est pas seulement le monde
qui est réfractaire à l'idéal, mais c'est l'idéal qui recèle une
faille refoulée par la conscience : « jamais tu n'as eu l'idée de
te blâmer, toi et tes actions. Tu t'es cramponné à ta propre
force »[1]. Pour que l'exception à laquelle le personnage se croit
élevé puisse être crédible, il faut que ses réactions aux défis de
sa destinée soient décrites comme issues de la grandeur qu'il
s'était fixée comme objectif. Les impasses de sa destinée sont
le résultat d'un mauvais mélange d'idéaux. Mais quel serait le
bon mélange ? Le roman peut-il faire plus qu'essayer de
comprendre pourquoi « un individu moderne, donc en principe
responsable de ses valeurs, est au fond insatisfait de ses
propres idéaux »[2] ? Il en ferait certainement trop, s'il *rempla-
çait* cet individu dans la responsabilité de ses valeurs. Mais
forger des langages *plus subtils* que ceux dont cet individu
dispose déjà pour décrire le rapport de sa conduite avec les
valeurs choisies tient peut-être le juste milieu entre critique
morale et moralisme.

Les « somnambules » de Broch poursuivent l'« absolu »
qui leur permettrait d'échapper à la médiocrité et à l'impureté
morales, mais c'est l'adhésion à ce même absolu qui provo-
quera la « dégradation des valeurs ». La noblesse de l'un
est petitesse pour l'autre ; et chacun représente pour autrui un
mode de vie à la fois désirable et dangereux, promettant la
plénitude tout en barrant la voie vers la rédemption : militaire

---

1. A. Döblin, *Berlin Alexanderplatz*, trad. fr. J. Motchane, Paris,
Gallimard, 1961, p. 598.

2. V. Descombes, *Questions disputées, op. cit.*, p. 387.

de son état, Joachim de Pasenow est ainsi doublement attiré par Ruzena – bohémienne sensuelle rencontrée dans la fange des cabarets berlinois – et par une fille de son rang, Élisabeth, « bien différente de toutes les autres », « innocente et immaculée », qu'il finira par épouser sans désir. Le rêve de pureté qu'il poursuit à travers cette union est dirigé en partie contre l'immoralité de son propre père, riche propriétaire terrien, qui abuse les servantes de sa maison et fréquente les prostituées. Il propose une rente à Ruzena pour s'en débarrasser sans remords, croyant que la jeune femme place l'intérêt matériel au dessus de tout : « Arriva un beau matin une lettre de l'avocat-conseil, l'avisant qu'elle refusait la donation. Ce n'était pourtant pas possible »[1]. Quant à Élisabeth, elle se tourne vers l'ami de Joachim, Bertrand, ex-militaire devenu entrepreneur, pour lui demander conseil au sujet de cette étrange proposition de mariage venue d'un homme qu'elle n'aime pas, contrevenant ainsi aux usages impériaux. Bertrand l'aime, mais il appartient à un autre monde, si bien qu'il lui est impossible de donner suite à cet amour : « "Je te désire plus que je ne puis dire". Alors elle sourit. "Et tu t'en vas". – "Oui". Elle lui jeta un regard incrédule et interrogateur » (S, p. 140-149).

Esch, le deuxième héros du roman, est dégoûté par ce désordre suprême qu'est l'injustice :

> [il] ne savait qu'une chose, c'est qu'il fallait boire pour remettre de l'ordre dans le monde. Martin, hostile à la grève, était arrêté, arrêté par une police qui agissait pour le compte des armateurs et d'un officier échappé à l'armée, une police qui portait la main sur un innocent d'une façon éhontée (S, p. 223).

---

1. H. Broch, *Les Somnambules*, *op. cit.*, p. 140.

Son idéal de pureté se fixe sur les projets fort disparates d'arracher une artiste à l'humiliation de travailler dans un cirque, d'émigrer en Amérique ou d'épouser Mme Hentjen, veuve conservatrice et puritaine, propriétaire d'un café, pour qui cette vision est totalement incompréhensible : « "Est-ce que tu m'emmèneras en Amérique… ou une jeune ?". Esch dit brutalement : "Qu'est-ce que ça signifie, ce sempiternel refrain ! jeune, vieux ? Alors il n'y aura plus ni jeune ni vieux… il n'y aura plus de temps du tout"… » (S, p. 300). Il conçoit également le projet de punir Bertrand, directeur de la compagnie des armateurs. Au cours d'un entretien avec ce dernier, Esch réalise que le président de la *Mittelrheinische Reederei* est tout aussi conscient que lui des injustices sociales. Mais il les admet comme l'ombre inéluctable au tableau de toute quête de l'absolu, de tout effort pour sortir de la contingence et du désordre : « il faut que chacun accomplisse son rêve, les méchants autant que les saints. Sinon il ne participera pas à la liberté ». C'est la faute à l'époque si la poursuite des rêves de chacun produit fatalement le désordre. La délivrance ne pourra donc venir que de l'anéantissement de toute perspective singulière :

> Il faut que beaucoup meurent, que beaucoup soient sacrifiés pour préparer la place au rédempteur […]. Mais auparavant doit venir l'Antéchrist, l'insensé, celui qui ne rêve pas. D'abord le monde doit connaître […] le néant. […] Nous sommes une génération perdue, moi aussi, je ne peux que vaquer à mes affaires (S, p. 330-332).

Devenu le rédacteur en chef du *Messager de l'Électorat de Trèves* pendant la Grande Guerre, Esch est concurrencé par le badois Huguenau, bourgeois et déserteur, incarnant l'esprit « réaliste » des valeurs commerciales, à qui la superbe chrétienne de Esch est insupportable. Il intrigue pour lui arracher la direction du journal et le dénonce auprès du Commandant militaire de la ville, Joachim de Pasenow. Il présente comme subversives les lectures de la Bible organisées par son adversaire. Le Commandant ayant accepté cet espionnage au nom de son devoir de vigilance finit néanmoins par comprendre qu'il a affaire à une « âme basse », avant même de découvrir que c'est un déserteur : « Derrière cette lettre se cachait quelque chose de laid et de violent, quelque chose de souterrain » (*S*, p. 505). Esch ne pardonne pas son réalisme à Huguenau : « ce serait meilleur pour vous, je dis bien pour vous, si vous vouliez enfin reconnaître que nous nous trouvons au milieu de l'angoisse et des épreuves » (*S*, p. 669). Ce ton « de maître d'école » exaspère son rival et provoque son ressentiment : « toujours je devais diminuer pour que ce monsieur le Pasteur puisse grandir et se rengorger devant mon Commandant ». Même le monologue d'un être vil peut renverser les termes moraux :

> Oui, mon Commandant a également autrefois parlé d'amour et depuis Esch a constamment radoté au sujet de l'amour, c'était réellement à vous faire vomir quand on entendait son radotage, mais quand on parle constamment de l'amour, on devrait tout au moins vouloir comprendre son prochain (*S*, p. 692).

« Incompris de son prochain », Huguenau finit par assassiner Esch et ruine par des artifices légaux Mme Hentjen, procédé qui

> n'allait pas à l'encontre ni de sa théologie personnelle, ni du système de valeurs en usage dans le commerce, et qui plus est, les concitoyens de Huguenau n'eussent pas eu le sentiment d'une action répugnante, car c'était une lettre à laquelle il n'y avait rien à redire du point commercial et juridique (*S*, p. 706).

Personne « ne peut comprendre son prochain ». Chacun est prisonnier de sa propre perspective et dresse un barrage contre le désordre en faisant apparaître comme *impossible* l'aspiration d'autrui à la grandeur, la trouvant non pas irréalisable, mais basse et futile. Or le roman juxtapose toutes les perspectives dont l'interaction oblige les personnages à faire face au désordre et au chaos du *même* monde ; il montre que leurs « devoirs terrestres » sont au « service de quelque chose de plus grand que soi-même » qui « engage l'homme à se soumettre à une idée qui le dépasse » (*S*, p. 641). Mais cet engagement dépasse aussi le « devoir terrestre » ; il s'enracine dans les peurs les plus obscures, dans la lutte incessante et invisible de l'homme avec un milieu qui peut, à tout moment, frapper d'inanité ses projets, voire l'anéantir complètement dans son existence morale autant que physique. En montrant que la conduite de chaque personnage reste incomprise quand elle se réduit à ce qu'en perçoivent les autres, le roman enjambe les cloisons de chaque vocabulaire moral. La combinaison des valeurs, *impossible* vue du dehors, devient *croyable* dès qu'on saisit sa genèse non plus selon le principe d'une rivalité axiologique, mais dans la perspective d'une lutte primordiale contre l'angoisse de la finitude. Le roman se hausse alors à la dignité d'un exercice spirituel recréant la syntaxe et la mesure de la prose humaine. L'imagination s'affranchit du poids de ses réalisations passées et redessine la carte de la compatibilité des idéaux. Des récits qui ne connaissent pas d'avance les limites de cette exploration – ce qui me semble être le trait saillant du roman aujourd'hui – donnent à penser que les limites actuelles de notre imagination ne sont pas celles du cosmos.

TABLE DES MATIÈRES

Imprimerie de la Manutention à Mayenne (France) – Juillet 2009 – N° 178-09

Dépôt légal : 3e trimestre 2009

DANS LA MÊME COLLECTION